신들의 여행

지은이 김숙경

서울대, 고려대, 성균관대에서 수학했다. 동서양 철학·과학·예술 장르를 두루 공부하고, 동서비교철학 논문으로 철학박사 학위를 받았다. 경희사이버대학 교양학부에서 특임교수로 재직했으며, 유목미학 연구소를 운영하며 연구에 매진하고 있다. 오랜 학문적 유목 끝에 문득 뒤를 돌아보니 미로처럼 얽히고설킨 학문 역정이 그 자체로 길이 되어 있었다. 그 길에 '유목미학'이라 이름 붙이고 여전히 그 길 위를 유목하고 있다. 끝없는 유목의 여정은 삶이 다하는 날까지 계속될 것이다.

해질녘 스쿨 03
신들의 여행 들뢰즈 철학으로 읽는 헬레니즘

초판1쇄 펴냄 2023년 7월 17일

지은이 김숙경
펴낸이 유재건
펴낸곳 (주)그린비출판사
주소 서울시 마포구 와우산로 180, 4층
대표전화 02-702-2717 | **팩스** 02-703-0272
홈페이지 www.greenbee.co.kr
원고투고 및 문의 editor@greenbee.co.kr

편집 이진희, 구세주, 송예진, 김아영 | **디자인** 권희원, 이은솔
마케팅 육소연 | **물류유통** 유재영, 류경희 | **경영관리** 유수진

저작권법에 의해 보호받는 도판들 중 일부 도판은 저작권자를 찾지 못했습니다.
추후 저작권자가 확인되는 대로 저작권법에 해당하는 사항을 준수하겠습니다.
책값은 뒤표지에 있습니다. 잘못 만들어진 책은 구입처에서 바꿔 드립니다.
ISBN 978-89-7682-822-4 03100

독자의 학문사변행學問思辨行을 돕는 든든한 가이드 _(주)그린비출판사

신들의 여행

들뢰즈 철학으로 읽는 헬레니즘

김숙경 지음

그린비

신화와 예술을 넘어서

드러난 세계, 감춰진 세계

본서는 단순한 신화 이야기가 아니다. 예술작품에 관한 이야기는 더욱 아니다. 물론 본서의 내용은 유라시아 신화 속의 신들과 그들을 소재로 한 조형예술을 대상으로 하고 있다. 그러나 본서에서는 신화와 예술을 넘어선, 아니 그 이면에 숨겨져 있는 무언가 특별한 이야기를 하고 있다. 그것은 문화예술의 현상세계 이면에서 그것들을 움직여 가는 세계, 즉 드러난 세계 이면에 감춰진 세계에 관한 이야기이기도 하다. 이 말 자체가 시사해 주듯이 이 세상은 드러난 세계와 감춰진 세계가 공존하고 있다. 그러므로 드러난 세계를 이해하는 것만으로 세상의 전부를 안다고 할 수 없으며, 또한 감춰진 세계만을 분리해서 이야기할 때 세상 모든 존재의 생생한 이미지들은 온통 메마른 추상적 언어들로 암호처럼 뒤덮여 버리고 말 것이다.

드러난 세계가 삶의 영역에 해당한다면 감춰진 세계는 삶의 원리에 대해 묻는 철학의 영역이라고 할 수 있다. 따라서 철학과 삶은 동전의 양면처럼 뗄 수 없는 관계로 공존하는 세계이지 결코 분리되어 따로 존재하는 세계가 아니다. 그러나 본래 하나임에 틀림없는 철학과 삶은 웬일인지 상호 간에 분리되어 마치 무중력지대에 들어선 듯 까마득히 멀어져 버렸다. 그렇게 서로가 서로를 알아보지 못하고 심지어는 서로 다른 세계의 언어로 이야기하기에 이른 것이다. 어떻게 하면 한없이 멀어진 이 둘을 화해시킬 수 있을까? 어떻게 하면 본디의 모습 그대로 이 둘을 함께 이야기할 수 있을까? 본서 『신들의 여행』은 이러한 의문에서 시작되었다.

본서는 2부로 구성되어 있다. 1부 「차이를 만든 접속: 신들의 변신」은 알렉산드로스의 동방원정 이후 전개되는 문화의 접속에 초점을 맞추고, 접속에 따라 변화되어 가는 문화의 제 양상을 추적해 가게 된다. 먼저 알렉산드로스와 그의 후계자들이 동방의 정복지 곳곳에 그리스 문화를 이식하는 과정을, 다음으로 현지문화와 접속하여 변화를 겪고 새롭게 재탄생하는 현상들을 신들의 이동경로를 따라가며 남겨진 조형예술을 통해 차례로 살펴 가게 된다. 그 공간적 범위는 동방원정 이후 그리스의 식민지였던 페르시아와 인도 북부의 간다라 지방, 더 나아가 실크로드가 열린 이후로 전개되었던 중앙아시아 타림분지와 중국, 한국, 일본의 동아시아 삼국에 이른다.

1부의 이야기는 알렉산드로스의 동방원정로와 중앙아시아 실크로드를 따라 동쪽으로 유입된 그리스 신들의 변신을 주요 테마로 하여 만남과 접속에 의한 차이의 생성이라고 하는 문화의 속성을 확인해 가는 과정이라고 할 수 있다. 1부는 한마디로 '드러난 세계-삶의 영역'에 해당한다고 할 수 있으며, 그 여정의 끝에서 감춰진 세계의 테마라 할 수 있는 문화의 정체성에 대해 묻는다. 그리스 문화를 전 세계에 전파하고자 했던 알렉산드로스의 꿈은 실현되었는가? 그리하여 위대한 그리스 문화는 전 세계에 이식되어 본래의 원형을 간직한 채 온전히 살아남았는가? 그리고 서로 다른 성격의 문화가 접속하여 새롭게 탄생한 문화의 정체는 과연 무엇인가? 이 물음들은 일제히 '문화란 무엇인가?'라고 하는 본질적인 물음으로 귀착하게 되는데, 이렇게 해서 이야기는 '감춰진 세계-철학의 영역'으로 넘어가게 된다.

본서의 2부 「들뢰즈 철학으로 만나는 신들의 변신」은 1부의 내용 전반에 대한 철학적 읽기라 할 수 있는 것으로, 1부의 말미에 던졌던 문화의 본질에 대한 철학적 물음들은 다시 삶의 영역인 신화와 신들의 이야기 속으로 수렴된다. 비유컨대 삶의 영역이 신체의 맨 바깥 부분인 살에 해당한다면 삶의 이면에 감춰진 철학적 원리는 신체의 제일 깊은 안쪽에 자리하고 있는 뼈에 해당한다고 할 수 있다. 신체에 있어 살갗은 외부로 드러나 있어 오관(五官)에 잡히지만, 뼈는 신체를 해부해서 살을 발라내지 않는 한 오관으로 감지할 수 없다. 마찬가지로 철학은 늘 삶 속에 내재해 있지만, 감각으로 인지할 수 없는 추상의 세계에 속하므로 일상적으로 체감하지 못하고 살아간다. 그러므로 다시 묻지 않을 수 없다. 가장 근접해 있지만 좀처럼 소통할 수 없었던 철학과 삶, 어떻게 하면 이들을 함께 사유할 수 있을까?

바로 이러한 사유를 구현하기 위해 유목미학(Nomadic aes-thetics)이 탄생했다. 유목미학은 특정의 미학 장르가 아니며, 유목미학이라고 하는 용어 역시 필자가 들뢰즈(Gilles Deleuze, 1925~1995)의 '유목론'(Nomadology)[1]과 '미학'(Aesthetics)을 결합하여 만들어 낸 조어(造語)에 불과하다. 유목론에는 정주민의 공간에 대비되는 유목공간의 특징, 이동, 궤적, 영토화 등을 둘러싼 다양한 개념들과 상징들이 등장하며, 이들은 공통적으로 서구 전통사유에 반대하는 들뢰즈의 철학세계를 반영하고 있다. 이데아의 모방으로부터 시작된 서구전통의 재현적 사유가 규정된 공간 안에 사람과 가축들을 분배하는 정주민의 생활방식과 같다면, 들뢰즈의 유목론은 미규정의 공간에서 사람과 가축들이 스스로 필요한 공간을 창조해 가는 유목민의 삶에 비유할 수 있을 것이다. 요컨대 유목론은 규정된 공간의 질서를 재현하는 정주민과 달리 미규정의 공간에서 스스로 다양한 형태의 영토를 창조해 가는 유목민에 빗대어, 전통적 재현의 논리에 맞서는 창조의 논리를 전개하고 있는 것이다. 이처럼 감성의 영역에서 철학적 사유를 구현하고 있는 유목론은 그 자체로 유목미학의 모티브가 되어 주었으며, 유목미학은 이러한 들뢰즈의 유목론을 이론적 뼈대로 하여 고안되었다.

---

1 유목론에 관한 내용은 들뢰즈·가타리의 공저 『천 개의 고원』(1980)에 집중적으로 등장하고 있지만 들뢰즈의 초기 저서인 『차이와 반복』(1968), 『의미의 논리』(1969)를 비롯하여 그 이후로 발표된 다수의 저서와 논문에도 지속적으로 등장하고 있어, 들뢰즈 철학에서 빼놓을 수 없는 핵심이론 가운데 하나임을 알 수 있다.

유목미학은 일반적으로 미학에서 다루고 있는 미(美)와 예술에 관한 담론이 아니다.[2] 미학은 본래 철학의 한 분과로서 감성인식의 영역을 담당해 왔으나, 유목미학은 인식에 있어 감성인식의 영역에 주목하되, 이를 독립적인 미학의 영역으로 가져가지 않고, 마치 분절된 영역을 자유로이 횡단하는 유목민처럼 추상적인 철학의 세계와 구체적인 삶의 사이를 가로지르며 이들을 이어 주는 '감성의 다리' 역할을 하고자 한다. 그리하여 어떤 이유로 한없이 멀어진 철학과 삶을 이어 주는 접속의 장이 되고자 하는 것이다. 본래 하나의 생명이자 하나의 몸임에 틀림없는 철학과 삶이 본래의 모습으로 상호소통하기 위해서는 서로가 서로에게 부단히 스며들어야 하며, 또한 서로가 서로의 언어를 사용해서 이야기할 수 있어야 한다. 그리하여 다양한 추상적 개념과 원리들을 끊임없이 삶 속에 투영하는 방식으로, 다른 한편으로 다양한 삶의 현상으로부터 부단히 개념과 원리를 뽑아 올리는 방식으로 이야기를 펼쳐 나간다.[3]

---

2   서양 근대 철학은 인식에 있어서 오감을 통해 인지되는 감성인식의 영역과 개념·추리·판단 같은 이성에 의해서만 인지되고 사유되는 순수 추상의 영역을 구분했던 아리스토텔레스 인식론에 그 기반을 두고 있다. 독일의 철학자이자 미학자인 바움가르텐(Alexander Gottlieb Baumgarten, 1714~1762)이 정립한 근대 미학은 인식론의 체계에 있어 전자인 감성인식을 미학의 영역으로 하여 철학의 한 분과로서 독립된 지위를 부여했다. 이렇게 해서 '감각에 의한 지각'에서 출발하여 감성인식의 전역을 담당하는 미학은 이성의 지배하에 놓인 인식의 하위영역으로 자리매김되어 예술과 미의 세계를 담당하기에 이른다. 앞의 글, 337~338쪽.

3   유목미학에 대한 보다 자세한 내용은 김숙경, 「유목미학」, 한정헌·최승현 엮음, 『사유의 새로운 이념들』, 그린비, 2022, 336~386쪽을 볼 것.

이에 본서의 2부는 마치 혈관을 통해 흐르는 피가 살과 뼈를 순환하듯이 삶의 영역인 1부와 그 이면에 내재되어 있는 철학의 원리를 가로지르며 소통한다. 바로 유목미학이다. 이처럼 철학과 삶이 상호 소통하는 유목미학의 원리는 필연적으로 감성의 영역에서 구현될 수밖에 없다. 요컨대 유목미학은 철학적 개념들을 감성의 영역에서 이해하기 위해 고안되었다. 다시 말해 유목미학은 삶 속에 숨겨진 철학적 개념들을 삶의 표면으로 끌어올려 오관에 생생하게 살아 숨 쉬게 하는 것이다. 그리하여 온갖 감성의 영역이 세상을 홍수처럼 뒤덮어 충만하다 못해 차고 넘치는 이 감성의 시대에, 철학 역시 속도를 잃지 않고 계속 흐를 수 있는 물길을 터 주고자 하는 것이 유목미학의 목적이라 하겠다.

미로에서 홈 파기

유목미학이 정돈되기까지 적지 않은 시간이 소요되었다. 어차피 '저자들'인 저자를 배제하고 볼 때, 유목미학은 그저 시대가 흘려 놓은 이 시대의 산물이 아닌가 한다. 중심의 해체니, 탈경계니, 탈장르니 하는 이른바 포스트모던 이슈들의 세례 속에서 다양한 학문적 경향들이 접속을 통해 배치를 이루고, 더러는 탈영토화와 재영토화를 거듭하며 증식하고 누적되는 동안 어느덧 일정한 모양새를 갖추게 된 것이 바로 유목미학이기 때문이다. 그렇게 볼 때 유목미학의 역정은 꽤 오랜 시간을 품고 있다. 석사과정에서

포스트모더니즘 이론을 접하게 된 것이 발단되어 어느덧 탈경계와 탈장르의 미로 속으로 빠져들게 되었기에 그러하다. 그것은 확실히 미로였다. 입구는 있되 출구는 없는 미로! 포스트모더니즘 예술이론에서 시작된 학문역정은 자연히 현상학과 구조주의, 그리고 포스트구조주의로 이어지는 서양의 현대 철학과 연결되었으며, 서양의 현대 철학은 어느덧 수학, 역학(力學), 생물학, 천문학 등을 아우르는 현대과학과 존재론적 속성을 공유하며 하나의 물줄기로 합류하고 있었다.

그리고 서양의 현대 철학과 현대 과학이 합류하는 어느 지점에선가 물줄기는 몸살을 앓듯 크게 요동치며(고정관념의 급선회가 물줄기를 흔들어 놓았던 것인지도 모르겠다) 동양사상의 거대한 흐름과 마주했다. 도가(道家), 불가(佛家), 성리학(性理學), 기학(氣學), 역학(易學) 등의 동양사상 전반은 그 자체로도 경계를 공유하고 있었지만, 유장한 물줄기의 굽이굽이에서 서양의 현대철학과 현대과학은 물론 서양의 근대철학과 근대과학, 나아가 서양의 고중세 형이상학을 맞닥뜨리기 다반사였다. 이처럼 동서고금의 모든 학문은 어느 지점에선가 뫼비우스의 띠처럼 꼬리를 물고 이어지면서 한도 끝도 없이 여정을 이어 갈 뿐, 미로를 빠져나갈 출구는 도무지 나타나지 않았다. 그렇게 석사 졸업 후 전공을 정하지 못한 채 10여 년의 시간이 미로 속에서 흘러갔다.

그 시간 속에 온갖 잡다한 지식의 파편들만이 부질없이 쌓여, 지식의 창고는 마치 저장강박증 환자의 방처럼 복잡하고 무질서해져 갔으며, 소화되지 못한 채 쌓여만 가는 지식의 체증은 늘 몸과 마음을 숨 막히게 짓눌렀다. 수도 없이 자신에게 묻고 또 물었다. "도대체 이것들로 뭘 할 수 있을까?" 그러나 돌아오는 것은 늘 가중된 체증의 강도였다. 그때 우연히 만난 들뢰즈의 사유는 그가 사르트르에 비유했듯이 '뒤뜰에 부는 한줄기 바람' 같은 것이었다. 들뢰즈의 사유는 확실히 묘약 같은 데가 있지만, 그렇다고 해서 만병통치약은 아니다. 그가 건네준 묘약이라는 것도 실상 별 게 아니었다. 한마디로 네가 가진 '잡동사니 보따리' 그 자체로 옳다는 것. 그러나 그 한마디가 답답한 가슴을 얼마나 부드럽게 달래 주었던가…. 그렇다! 철학은 해답이 아니다. 철학은 위로다. 그러나 때로는 무심히 던진 한마디의 위로가 무언가 중요한 것을 변화시키기도 한다. 모비딕을 쓰러트리는 순간 고래사냥도 함께 끝나듯이 사유의 미로를 빠져나오는 순간 사유도 끝나 버린다. 요컨대 철학은 결코 스스로 죽지 않는다. 그러므로 사유의 미로를 빠져나온 사람은 더 이상 철학자가 아니다.

그 후로 미로에서 출구 찾기를 그만두었다. 사유함에 있어 출구란 애당초 없는 것임을 그때 알아차린 것이다. 그 대신 미로 안에서 나만의 홈 파기를 시작했다. 내게 있어 홈 파기는 잡동사니 보따리가 지식의 쓰레기통으로 전락하지 않고 사유의 장으로 거듭나기 위한 고통스러운 몸부림과도 같은 것이었다. 아니, 보다 절실했던 것은 카오스의 소용돌이에 휘말려 들어가지 않는 것이었는지도 모른다. '잡동사니 보따리'는 다름 아닌 존재의 본질을 이루는 '카오스의 소용돌이'를 의미한다. 그러므로 사유의 미로에 빠진다는 것은 들뢰즈의 말을 빌리자면 '잡동사니 보따리에 나 자신도 집어넣어지는 것'(『디알로그』)을 의미한다. 그렇게 미친 소용돌이에 용감히 뛰어들어 한판 승부를 벌이고 포획한 한줌의 질서를 가지고 개선장군처럼 귀환한다. 허나, 그것은 산악인들이 죽음을 담보로 에베레스트 빙벽을 오르는 것만큼이나 위험한 일이다.

들뢰즈는 사람들은 통상 안전을 위해 카오스에 보호막을 세우지만, 철학자와 과학자와 예술가는 그 본질에 다가가기 위해 일부러 카오스의 보호막에 균열을 내는 사람들이라고 했다.(『철학이란 무엇인가』) 그러나 밀밭을 그리려면 밀밭 한가운데로 들어가 길을 잃어버리라고 했던 고흐는 끝내 돌아오지 못했다. 그 밖에 수없이 많은 화가, 음악가, 문학가, 수학자, 과학자, 철학자들이 색의 소용돌이, 음의 소용돌이, 수의 소용돌이, 언어의 소용돌이, 사유의 소용돌이에 빠져 돌아오지 못했다. 어찌 보면 홈 파기에 성공한다는 것은 보다 영리하고, 그런 만큼 덜 치열한 선택일수 있다. 더 모질게 말해서 약간은 속되고 계산적이어야 가능한 일이다.

홈 파기는 분명 카오스에서 질서로 가기 위한 운동이지만 그렇게 구축된 질서는 전체를 아우르는 단 하나가 아닌, 차이화된 여럿이다. 카오스의 미로에서 어찌 모든 길이 통하는 하나의 대로를 구축할 수 있겠는가? 그러므로 미로에서 홈 파기는 자신만의 질서를 세우는 일이며, 결국 질서를 세운다는 것은 모두를 아우르는 동일성의 구축이 아닌 개별적인 차이들이 그 자체로 동일성이 되는 '자기 차이화'의 구축이라고 할 수 있겠다. 그렇게 미로에서 홈 파기의 일환으로 유목미학이 구축되었다. 사유의 소용돌이는 유목미학이라는 홈을 통과하며 나름의 질서가 부여되고, 이 작고 다양한 질서는 전체를 아우르는 거대 질서에 대항하기 위한 무기가 되어 다시금 카오스의 보호막에 균열을 낸다. 그렇게 유목미학의 스토리들은 영토화와 탈영토화를 거듭하며 리좀처럼 이어질 것이다. 영원히….

2023년 7월
북촌(北村) 누란재(樓蘭齋)에서
김숙경

일러두기

1. 들뢰즈와 가타리 저서의 인용은 불어판을 우선으로 하되, 번역서를 참고한 경우 해당 페이지
   를 함께 표기했다.
2. 필요에 따라 본문 그림 중 일부는 중복해서 실었다.
3. 단행본·정기간행물 등은 겹낫표(『』)로, 단편·논문·회화·영화 등은 낫표(「」)로 표기했다.
4. 외국어 인명, 지명 등 고유명사는 2002년에 국립국어원에서 펴낸 외래어 표기법에 따라 표기
   하되, 국내에서 통용되는 관례를 고려하여 예외를 두었다.

1부

차이를 만든 접속

신들의 변신

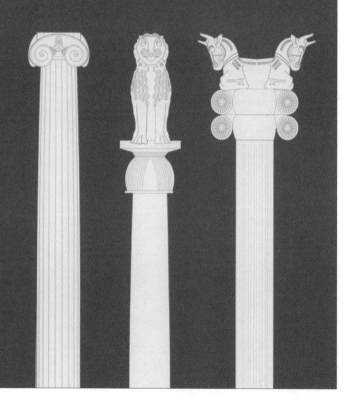

그리스 신들이 동쪽으로 간 까닭은?

이 이야기는 알렉산드로스(Alexandoros, B.C. 356~B.C. 323, 재위 B.C. 336~B.C. 323)의 동방원정과 더불어 시작된다. 태생부터 의문의 베일에 싸여 있었던 알렉산드로스는 부왕암살설을 비롯하여 정치권력에 얽힌 몇 가지 음모론과 동방원정의 목적을 둘러싼 여러 쟁점들, 그리고 의문의 죽음에 이르기까지 전 생애가 온통 의문 투성이인 수수께끼 같은 인물이다. 그러나 여기서 우리가 주목해야 할 것은 다름 아닌 동방원정의 진정한 목적이 무엇이었나 하는 점이다. 학계에서는 이에 대하여 몇 가지 학설을 내놓은 바 있는데, 그중에서 가장 설득력을 얻고 있는 설은 알렉산드로스의 동방원정을 사적인 정복욕의 산물로 보는 것이다. 혹자는 그를 심각한 전쟁 중독증 환자로 치부하기조차 하는데, 전쟁도 도박이나 마약, 그 밖에 여타 몰입도 높은 쾌락 추구의 행위들처럼 중독성이 있다는 것이다. 마치 장기나 바둑에 심취하듯이 혹은 컴퓨터 게임에 빠져들듯이 그는 실전 게임에 흠뻑 빠져들어 죽을 때

그림 1 대페르시아 전투의 선봉에서 다리우스 왕을 추격하는 알렉산드로스

까지 헤어나지 못했다는 것이다. 전투에 임하면 늘 선봉에 서서 몸을 사리지 않고 싸움에 몰두했다는 기록은 이러한 전쟁 중독설에 무게를 실어 주는 일면이 있다. 다른 한편 그의 원정에는 동서 융합을 이루려는 보다 원대한 계획이 깔려 있었다는 설도 있다. 실제로 그는 정복지 곳곳에 그리스식 도시를 건설하고 자신의 이름을 딴 '알렉산드리아'라는 명칭을 붙였는데 이집트 북부의 도시처럼 오늘날까지도 그 명칭이 남아 있는 곳이 있다.

그런가 하면 그는 죽을 때까지 페르시아의 바빌론 성에 머물며 그곳 여인들과 혼인 관계를 맺고 그곳의 제도와 복식 등 정복지 문화를 적극 수용하여 그리스인들의 반발을 사기도 했다. 확실히 그는 대다수의 그리스인들처럼 이민족들을 바바리안으로 치부하여 멸시하지는 않았지만 각도를 조금 달리해서 보면 그에 대한 해석은 백팔십도로 달라질 수 있다. 그가 페르시아의 왕을 자처하여

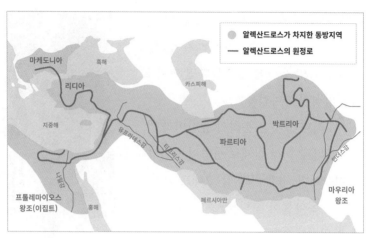

그림 2 알렉산드로스의 원정로와 알렉산드로스가 차지한 동방지역

백성들 위에 군림하고자 했던 정황으로 미루어 볼 때, 최상의 권력을 누리기 위해서는 그리스의 민주주의보다 동방의 전제군주제라고 하는 보다 강력한 위계질서하의 통치 시스템이 요구되었던 까닭인지도 모른다는 것이다. 실제로 알렉산드로스 동방원정 이후의 그리스 정치체제는 동방의 절대군주제를 모방하고 있다.

어찌 됐든 알렉산드로스가 동방원정을 통해 동서 문화의 융합을 꾀했다고 보는 데는 무리가 따른다. 그가 동방의 정복지 곳곳에 다양한 그리스 문화를 이식한 것은 사실이지만 알렉산드로스는 과연 금강저(金剛杵)를 손에 들고 붓다의 수호신장(守護神將)이된 제우스를 계획했던 것일까? 아니, 그런 모습을 감히 상상이나할 수 있었을까? 우리는 여기서 문화의 융합이란 무엇인가에 대해다시 생각해 보아야 할 필요가 있다. 문화가 융합된다고 하는 것은특정의 문화가 원형을 고스란히 간직한 채 역시 원형을 간직한 다른 문화와 나란히 병존(竝存)함을 의미하는 것이 아니다. 알렉산드로스가 실제로 동서 문화의 융합을 꿈꾸었다면 아마도 이런 방식이 아니었을까?

그림 3 간다라 지방에서 붓다의 수호신장 '바즈라파니'가 된 제우스 [1]

그러나 그것은 문화의 융합이라 말할 수 없을뿐더러 실제로 성립이 불가능한 현상이다. 융합이란 말 그대로 둘이 섞이고 녹아들어 하나 됨을 의미하는 바, 거기에는 필연적으로 변형이 따르기 때문이다. 변형된다고 하는 것은 곧 원형의 상실을 의미한다. 또한 문화의 융합은 일방향의 흡수가 아닌 양방의 탈영토화 과정, 다시 말해 각자의 고유한 원형으로부터 벗어난 상태에서 상호 침투하고 흡수되므로 역시 일방이 아닌 양방의 변형을 수반하게 된다. 이렇게 발생한 변종은 서로 다른 두 문화가 만나 각각 원형을 포기함으로써 낳게 되는 비대칭적 진화의 산물이라고 말할 수 있다. 그것이 어떤 형상과 명칭을 얻게 되건 간에, 또한 어떤 의미와 용도로 사용되어지건 간에 그것은 양방 어디에도 속하지 않을뿐더러 양방 어느 것과도 일치하지 않는 단 하나의 생성물이자 창조물이다.

그렇다면 알렉산드로스가 실로 엄청난 인력과 물자를 동원

---

1   바즈라파니(금강역사)는 '바즈라(vajra), 즉 금강저(金剛杵)를 손에 든 자'라는 뜻으로 붓다의 수호신 중 하나이다. 바즈라는 벼락 또는 번개를 상징하는 것으로 인도 신화 속 인드라의 무기이며 이는 그리스의 최고신 제우스가 무기로 사용하는 뇌정(雷霆)과 같다.

하는 수고를 마다하지 않고 머나먼 동방의 정복지까지 본토의 문화를 가져다 심은 진짜 이유는 무엇이었을까? 설마 자기 민족의 최고신이 이방신의 종이 되기를 바란 것은 아니었을 테고…. 그렇다고 해서 굳이 이민족의 문화와 융합시켜 원형의 변화를 꾀했다고 보는 추측 또한 궁색하기 짝이 없다. 요컨대 융합된 문화가 발생한 것은 원정에 따른 결과일 뿐 애초부터 계획되었던 원정의 목적이 될 수는 없다는 것이다. 그렇다면 답은 명백해진다. 그것은 정복을 통한 영토확장과 더불어 그리스를 세계의 중심이라고 여겼던 그리스인들이 스스로 최고라고 자부해 온 그들의 문화를 세계 곳곳에 전파하기 위함이었다.[2]

그렇게 알렉산드로스는 정복지 곳곳에 자신의 이름을 딴 알렉산드리아를 건설하고 유형 무형의 그리스 문화를 그 땅에 이식했다. 이집트와 옛 페르시아 지역 곳곳에는 아크로폴리스를 본뜬 도시들이 들어서고 원형극장과 스타디움이 지어졌으며, 본토에서 그들이 섬기던 신들을 안치할 거대한 신전도 세워졌다. 그렇게 해서 헤라클레스를 위시한 수많은 그리스 신화의 주역들이 알렉산드로스가 닦아 놓은 동방의 신도시로 대거 입주하게 되는데, 이로써 신들에게도 그리스 문화를 전 세계에 전파하라는 막중한 임

---

2   알렉산드로스가 정복한 지역은 오늘날의 지도에서 보면 이집트와 중동, 그리고 중앙아시아 일부에 지나지 않으나, 당시 그리스 지도상에는 동아시아 일대가 나타나 있지 않으므로 정복에 실패한 인도를 제외한다면 세계제패의 꿈이 얼추 이루어진 것으로 볼 수 있다. 당시 그리스의 서북부는 황량한 불모지대였으므로 알렉산드로스의 흥미를 끌지 못했다.

무가 주어진 셈이었다. 그러나 동방에서 이루어졌던 그리스 문화의 이식에 예기치 않은 변수가 발생했다. 그와 더불어 그리스 신들의 형상과 위상에도 크고 작은 변화가 발생했다. 이제부터 그 이야기를 하기 위해 우리는 페르시아에서 중앙아시아를 거쳐 동아시아에 이르기까지 기나긴 신들의 여정에 동참하게 될 것이다.

1장

동방으로 간 그리스 신들

땅과 씨앗의 접속: 동방에 심긴 그리스 문화의 씨앗

땅에 씨앗을 심는다고 하는 것은 땅과 씨앗의 접속을 의미한다. 무릇 식물은 땅의 성분과 씨앗의 성분이 접속하여 싹을 틔우는 것인데, 같은 성분의 씨앗이라고 해도 서로 다른 성분의 토양과 접속하게 되면 접속한 토양에 따라 각기 차이 나는 식물로 자라게 된다. 이러한 이치로 동방에 심어진 그리스 문화의 씨앗은 그리스 본토에서 자란 식물과는 사뭇 다른 형태의 문화를 꽃피웠다. 실상 알렉산드로스가 가져온 그리스 문명의 씨앗이 그 자체로 이미 무수한 타자들의 복합체였던 것처럼 페르시아 문명 또한 그러했다. 일찍이 메소포타미아 문명과 이집트 문명의 영향을 받은 아케메네스조 페르시아는 B.C. 6세기부터 알렉산드로스에 의해 멸망당한 B.C. 4세기 후반까지 에게해와 지중해의 동쪽 연안에서 인더스강에 이르는 광대한 지역을 차지하고 있었다.그림1 그 안에는 이른 시

그림 1 아케메네스조 페르시아(B.C. 6세기~B.C. 4세기)의 영토(분홍색)

기의 아케메네스조 페르시아 영토 이외에 보다 후대의 파르티아, 박트리아, 소그디아나, 간다라 등 지금의 아프가니스탄과 파키스탄에 해당하는 중앙아시아 일대가 포함되므로, 전반적으로 페르시아 문명이 내포하고 있는 문화의 다양성 또한 실로 방대한 것이었다.

　일찍이 민주제와 자유사상이 발달한 그리스에서 인간적인 성격이 두드러진 신들이 탄생하여 근동의 어느 지역보다도 다채롭고 풍부한 신화의 세계를 수놓을 수 있었던 반면 강력한 전제군주제하의 페르시아에서는 조로아스터교라고 하는 막강한 영향력을 지닌 종교가 탄생했다.[1] 시기적으로 불교와 기독교, 이슬람교에

1　이란인들 사이에서 오랜 세월 전승되어 오던 신앙체계는 기원전 6~7세기경 예언자 '짜라투스트라'(Zoroaster)에 의해 조로아스터교로 거듭나게 된다. 조로아스터교는 훗날 유대교와 기독교, 이슬람교를 비롯하여 대승불교에 이르기까지 세계 종교에 광범위한 영향을 끼쳤다. 기독교계 성서와 그리스 철학자들의 문헌에서 드러나는 수많은 철학적·신학적 개념들이 고대 이란 문헌에서 발견되어 체계화된 것으로, 신화적·윤리적 그리고 종교적 이원론, 구세주 신화, 종말론, 선의 승리와 만인의 구원, 육체의 부활과 최후의 심판

앞서 발생한 조로아스터교는 동서양의 종교와 사상에 고루 영향을 미쳤다. 그런가 하면 조로아스터교의 최고신인 아후라 마즈다를 비롯하여 태양신 미트라, 물의 여신 아나히타 등, 많은 조로아스터교의 신들이 불교를 비롯한 여타 종교에 흡수되어 각각 독자적인 신격으로 거듭났다.^{그림 2~5} 또한 태양신 미트라의 후광, 아후라 마즈다 신의 날개 등, 상징적인 이미지들은 동서양의 각지로 흘러들어 그 지역의 종교와 문화 예술에 다양한 양상으로 접목되었다.^{그림 6~7} 같은 맥락에서 알렉산드로스의 원정과 함께 동방으로 인도된 그리스 신들 역시 조로아스터교의 신들과 접속하여 새로운 모습으로 재탄생하게 되는데, 이때 신들과 더불어 동방에 이식된 그리스 문화가 정복지의 원주민 문화와 융합하여 탄생한 것이 바로 동방의 헬레니즘 양식이다.[2]

헬레니즘 양식은 동방의 식민지뿐만 아니라 그리스 본토에도 영향을 주어 그리스 문화의 성격을 크게 바꿔 놓았다. 조형예술의 경우 절제된 이상미를 추구했던 그리스 고전기 예술에 동방의 화려한 양식이 결합되어 보다 역동적이고 복잡한 양상을 띠게 되었다. 신전으로 대표되는 그리스 건축에서는 간결한 도리아 양식

등이 모두 조로아스터교에서 유래한 개념들이다. 이처럼 조로아스터교는 인류 문명 초기의 원형적 이론을 제시한 종교로서 인류 정신사에 끼친 영향은 헤아릴 수 없이 크다 하겠다.

2 헬레니즘(Hellenism)이란 '그리스어를 바르게 사용하는 것'을 의미하는 '헬레니스모스'(Hellenismos)에서 유래한 명칭으로 헬레니즘 시대는 알렉산드로스의 동방원정 이후 그리스가 멸망하기까지 수백 년에 이르는 시대를 가리킨다. 이 시기의 예술을 학명으로 '헬레니즘 양식'(Hellenistic Style)이라고 부른다.

| 인간적인 성격이 두드러진 그리스 신화 속의 신들과 종교적 색채가 강한 페르시아 신화 속의 신들

그림 2·3 전쟁의 신 아레스와 사랑을 나누는 미의 여신 아프로디테, 그리고 둘 사이에서 태어난 사랑의 신 에로스(지암바티스타 피토니 作, 루브르 박물관, 그림 2·좌). 페르시아 왕에게 왕권의 상징인 원환(Diadem)을 수여하는 조로아스터교의 최고 선신 아후라 마즈다, 그 뒤에는 머리에 태양광이 새겨진 태양신 미트라가 서 있다(이란 타키부스탄 암벽화, 그림 3·우).

| 조로아스터교의 아나히타 여신이 불교의 관음보살로 거듭났음을 보여 주는 예

| 아후라 마즈다의 날개와 그 영향을 받은 기독교 천사의 날개

그림 6 조로아스터교의 최고 선신 아후라 마즈다상

그림 4·5 이란에서 출토된 은제 물병에 새겨진 아나히타 여신상(그림 4·좌)과 석굴암의 십일면관음보살상(그림 5·우) 공통적으로 머리에 보관(寶冠)을 쓰고, 몸에는 천의(天衣)를 두르고 있으며, 손에는 연꽃가지와 보병(寶甁)을 들고 있다.

그림 7 기독교의 천사상

과 우아한 이오니아 양식의 기둥이 아칸서스 잎으로 화려하게 장식된 코린트 양식으로 바뀌었다.[그림 8~10] 조각에 있어서 화려함은 동세의 다양성과 풍부한 감정의 표현으로 나타났는데, 건축과 마찬가지로 단순미와 절제미를 강조해 정적인 동세와 무표정한 얼굴이 특징적이었던 그리스 고전기 인체조각[그림 11]은 다이나믹한 동세와 극적인 감정묘사가 더해져 한층 복잡하고 풍부해졌다. 이처럼 단순미와 절제미를 아름다움의 본질로 삼아 조형예술 속에 반영하고자 했던 그리스 고전기 예술은 본토와 식민지를 통틀어 화려하고 복잡한 헬레니즘 양식으로 변해 갔다.[그림 12]

헬레니즘 예술과 더불어 신들의 위상에도 변화가 생겼다. 이러한 현상은 주로 동방의 그리스 식민지에서 나타났으며 그 변화는 소소한 것에서부터 근본적인 것에 이르기까지 천차만별로 드러났다. 헬레니즘 시기 동방으로 유입된 그리스 신들은 그들 고유의 지물(持物; 지니고 있는 물건)—예컨대 제우스의 무기인 뇌정(雷霆)이라든가, 포세이돈의 삼지창 같은—에 변화가 생기거나, 외형상에 다소간의 변형이 생기는 경우가 대다수였지만 심한 경우고유의 정체성과 종교적 위상이 달라지는 경우도 발생했다. 헬레니즘 시기 동방에서 발생한 그리스 신들의 변신은 크게 세 단계를 거쳐 이루어졌으며 이는 동방 헬레니즘의 역사와 더불어 진행되었다.

| 도리아식, 이오니아식, 코린트식 주두(柱頭) 비교

그림 8 간결한 도리아 양식의 파르테논 신전

그림 9 주두의 고사리 문양이 우아한 이오니아 양식
의 아카데미 건물

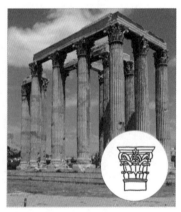

그림 10 그리스 고전기 양식인 이오니아식 고사리
문양에 페르시아풍의 아칸서스 잎이 더해져 복잡하
고 화려해진 코린트식 건축의 제우스 신전

| 그리스 고전기 조각 양식과 헬레니즘 조각 양식의 비교

그림 11　단순미와 절제미를 강조해 정적인 동세와
무표정한 얼굴이 특징적인 그리스 고전기 헤르메스상

그림 12　감정표현이 풍부하며 인체 표현과 동세가 복잡하고 역동적인 헬레니즘
시대 라오콘 군상

동방 헬레니즘의 변천과 신들의 변신

부모가 여러 명의 자식에게 하나의 땅을 물려주게 되면 대개 그 땅은 여러 조각으로 나누어지게 마련이다. 공동의 소유보다는 작더라도 자기만의 소유를 취하고자 함인데, 그로부터 크고 작은 분쟁이 발생하기도 한다. 이는 사가(私家)뿐만 아니라 국가적 차원에서도 종종 일어나는 현상으로 알렉산드로스 사후에도 이러한 현상이 발생했다. B.C. 323년 알렉산드로스가 페르시아 땅에서 숨을 거두자 영토를 둘러싸고 후계자들 간에 치열한 각축전이 벌어졌으며 대제국은 마침내 셋으로 분열되기에 이른 것이다. 그 중 안티고노스 2세(Antigonos II, 재위 B.C. 320?~B.C. 239)가 마케도니아의 왕이 되어 옛 그리스 영토를 장악하고, B.C. 168년 로마에 멸망당하기까지 그 자손들이 왕위를 이어 갔다. 그리고 아프리카 북부의 이집트는 프톨레마이오스(Ptolemaios I, 재위 B.C. 305~B.C. 285)가, 가장 넓은 옛 페르시아의 영토는 셀레우코스(Seleucos I, 재위 B.C. 312~B.C. 280)가 각각 차지했다.

여기서 우리의 시선이 머물러야 할 곳은 셀레우코스가 차지했던 옛 페르시아 땅이다. 이 지역은 지금의 서아시아와 아프가니스탄, 파키스탄, 그리고 우즈베키스탄 일부를 포함하는 중앙아시아 일대로, 기원전 2세기 말 이후로는 동서를 이어 주는 실크로드가 통과했던 지역이기도 하다. 이 지역의 헬레니즘 성격을 우리 이야기의 전개를 위해 크게 세 단계로 분류해서 살펴보기로 한다. 그 첫 번째는 동방 헬레니즘 1기에 해당하는 시기로, 대략 알렉산드

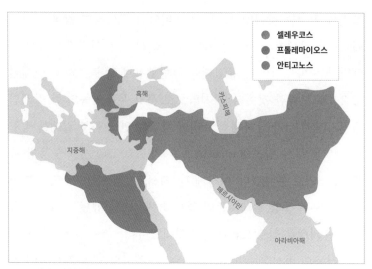

그림 13　세 왕조가 확립된 B.C. 280년대 초반 지도

로스 사후 이 지역을 장악했던 셀레우코스 왕조(Seleucid, B.C. 312∼
B.C. 63)와 약 반세기 후 그로부터 독립했던 또 하나의 그리스계 왕
조인 박트리아 왕국(Bactria, B.C. 246∼B.C. 138) 시대가 이에 해당한
다. 박트리아는 그리스인 디오도토스(Diodotos, 재위 B.C. 255∼B.C.
240년경)가 셀레우코스 왕조로부터 독립을 선언하고 수립한 왕국
이다. 그러므로 독립의 주체는 여전히 그리스인들이었으며, 지배
권 또한 온전히 그리스인들의 차지가 되었다.

　그다음으로 박트리아 왕국과 같은 시기에 셀레우코스 왕조
로부터 독립했던 파르티아 왕국(Parthia, B.C. 247∼A.D. 226) 시대
를 문화적 특성상 동방 헬레니즘 2기로 분류했다. 박트리아의 독
립이 그리스인에 의한 것이었다면 파르티아의 독립은 이란계 유

목민족에 의한 것이었으므로 파르티아는 박트리아 왕국과 달리 페르시아 문화가 크게 부각되는 특징을 보인다. 이러한 이유로 파르티아는 박트리아와 동시대에 독립했음에도 불구하고 헬레니즘 2기로 분류한 것이다. 마지막으로 북방 유목민족의 한 갈래인 대월지(大月氏)가 남하해 박트리아 왕국과 인도 북부 일대를 점령하여 세운 쿠샨 왕조(Kushan, A.D. 1세기~A.D. 226) 시대를 동방 헬레니즘 3기로 분류했다. 이렇게 1기에서 3기에 이르기까지 500여 년에 달하는 동방 헬레니즘의 역사 속에서 발생했던 그리스 신들의 변신 과정은 실로 드라마틱한 것이었다.

신들의 변신은 동방 헬레니즘의 변천사와 맥을 같이하여 진행되었다. 이를 단계별로 살펴볼 때 그 첫 번째는 동방 헬레니즘의 가장 이른 시기에 해당하는 셀레우코스 왕조와 그로부터 독립한 박트리아 왕국의 시대이다. 동방 헬레니즘 1기에 해당하는 이 시기는 식민도시 알렉산드리아를 지배하기 위해 알렉산드로스의 후계자들이 추진했던 그리스 문화의 이식이 식민지 내부에 뿌리를 내리기 시작한 시기라고 할 수 있다. 그러나 이 시기 동방의 식민지 왕국은 온전히 그리스인들의 지배하에 있었으며 문화의 주체 역시 그리스인들이었으므로 비록 정복지 문화와 접속했지만 순수한 그리스 본토의 문화에서 크게 벗어난 현상은 나타나지 않았다. 또한 동방으로 유입된 그리스 신들에게 있어서도 지역 신들과의 접속에 따른 변종의 발생은 극히 일부에 지나지 않았다.

다음으로 동방 헬레니즘 2기에 해당하는 파르티아 시대에는

동방의 헬레니즘

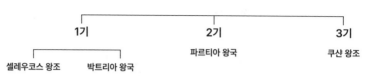

1기	2기	3기
셀레우코스 왕조 박트리아 왕국	파르티아 왕국	쿠샨 왕조

지배세력이 그리스인에서 이란계 파르티아인으로 바뀌면서 문화의 주체 또한 온전히 파르티아인에게로 넘어갔다. 그러나 파르티아인들은 그리스 문화를 배척하지 않았으므로 페르시아 땅 깊숙이 뿌리내린 그리스 문화에 현지 문화가 스며들어 본격적인 토착화 현상이 나타나기 시작했다. 헬레니즘 1기에 해당하는 셀레우코스 왕조나 박트리아 왕국에 비해 파르티아 왕국에서는 현저히 진화된 변종 그리스 신들이 대거 출현했다.

마지막으로 3기에 해당하는 쿠샨 왕조 시대는 페르시아인들과 보다 북쪽에서 내려온 유목민족들이 주체가 되어 토착화된 그리스 문화를 적극적으로 수용하고 보다 독창적으로 발전시켜 간 시기라고 할 수 있다. 민족 자체가 다양한 만큼 쿠샨 왕조 시대에는 동방의 헬레니즘 중에서도 문화 간 접속현상이 가장 다양하게 이루어졌으며, 그에 따른 변종의 출현 또한 가장 많이 발생했다. 쿠샨 왕조의 특징을 언급함에 있어 무엇보다도 중요한 것은 불교가 거대한 중심뿌리를 형성했던 불교왕국이라는 사실이다. 그런 만큼 쿠샨 왕조의 문화는 앞선 두 시기의 문화에 비해 뚜렷한 차별성을 보인다. 그러한 특성상 쿠샨 왕조는 1기 셀레우코스 왕조와

박트리아 왕국, 2기 파르티아 왕국에 이어 동방 헬레니즘 3기로
분류되어 별도의 장을 구성하게 되는 것이다.

2장

동방 헬레니즘 1기: 접속의 시작

아이하눔의 그리스 신들

알렉산드로스 사후 옛 페르시아 지역에서 지배권을 장악한 셀레우코스는 알렉산드로스의 통치이념을 이어받아 각 지역에 그리스 문명을 이식했다. 그는 통치 지역에 70개가 넘는 그리스 도시를 건설하고 그리스인들을 그 도시로 이주시켰는데 그중 '알렉산드리아 옥시아나'로 추정되는 아이하눔(Ay Khanum) 유적이 지금의 아프가니스탄 북부에서 발굴되었다.

1965년 프랑스 조사단에 의해 발굴된 '아이하눔'은 우즈베크어로 '달의 여인'이라는 뜻으로 17세기 중반 이 지역을 지배했던 우즈베크족의 왕비 이름에서 유래했다고 한다. 이 아름다운 이름의 유적지에서 그리스 도시의 특징을 나타내는 여러 가지 유적과 유물이 발견되었다. 열주광장과 정원, 보물창고 등으로 이루어진 궁전 시설과 열주문(列柱門), 아이하눔의 창건자로 추정되는 키네

그림 1 아프가니스탄 북부에 위치한 아이하눔. 아무다리아강과 콕차강이 만나는 지점에 형성된 삼각형의 대지가 바로 아이하눔 유적지다.

아스를 모신 사당, 신전, 김나지움, 원형극장, 그리고 무기창고와 저택지 등이 그것이다. 또한 그 유지로부터 코린트식 기둥, 제우스의 발 단편, 헤르메스상, 쌍피리를 부는 마르시아스상, 청동으로 만들어진 사티로스(Satyros) 두상, 두 마리의 사자가 끄는 마차를 탄 키벨레(Kybele) 여신과 니케(Nike)가 묘사된 은제 원반 등이 발굴되었으며, 그리스어로 명문이 새겨진 비석도 발견되었다.[1]

---

1   오다니 나카오, 『대월지』, 민혜홍 옮김, 아이필드, 2008, 81~90쪽 참조.

그림 2 델포이 신전이 있는 파르나소스산의 원형경기장

그림 3 아이하눔 유적지 원형극장 복원도(NHK, 『文明の道 2』, 日本放送出版協會, 2003, 19頁)

┃ 아이하눔 출토 유물과 그리스 본토 유물의 비교

그림 4 아이하눔 출토 희극가면 모양의 배수구

그림 5 그리스 희극가면 조각상

그림 6 아이하눔 출토 제우스의 왼발 단편

그림 7 그리스 출토 제우스의 발임을 증명하는 샌들의 뇌정 문양

그림 8 아이하눔의 코린트식 주두

그림 9 그리스의 코린트식 기둥

그림 11 그리스 도자기에
그려진 헤르메스상

그림 10 아이하눔에서 출토된 헤르메스상

그림 12 그리스 도자기에 그려진 제우스의 뇌정.
깃털무늬가 특징을 이룬다.

미트라와 하나가 된 제우스

셀레우코스 통치 시기는 앞서 언급한 바와 같이 동방 헬레니즘 시대의 초기에 해당하므로 그리스 신들의 신변에 있어서 두드러지게 큰 변화는 나타나지 않았다. 그래도 주목할 만한 것은 아이하눔 유적지에서 제우스 신이 페르시아 조로아스터교의 태양신 미트라와 융합되었으리라는 추측을 강하게 뒷받침해 주는 유물이 발견되었다는 점이다. 그 유물은 제우스 신상이 돋을새김되어 있는 은화 한 닢으로, 은화에 묘사된 제우스 신상에서 특이한 점은 신상의 머리에 미트라 신의 태양광이 나타나 있다는 것이다. 미트라는 본래 유목민이었던 인도-이란족이 숭배하던 빛의 신으로, 페르시아 아케메네스 왕조 말기에 조로아스터교에 흡수되어 태양신이 되었다. 페르시아 지역에서 발견된 미트라 신상의 머리 뒤에는 그가 태양신임을 상징하는 태양광이 표시되어 있다. 이 사실에 비추어 볼 때 아이하눔에서 발견된 은화의 제우스상은 미트라와 결합된 것임을 한눈에 알 수 있다. 이 은화가 시사해 주는 바를 토대로 하여 아이하눔 신전에 세워졌을 제우스 신상의 모습을 유추해 보면 옥좌 위에 앉아 있는 제우스의 머리 주위로 미트라의 태양광이 빛나고 있는 형상을 떠올리는 것은 그다지 어려운 일이 아니다.

그림 13 미트라 신상

그림 14 아이하눔 출토 미트라의 태양광을 지닌 제
우스 신상이 새겨진 은화

그림 15 은화를 토대로 하여 CG로 복원한
태양광이 표시된 아이하눔의 제우스 신상
두부(NHK, 『文明の道 2』, 19頁)

　　이렇게 혼합된 두 문화의 이미지를 한 몸에 담고 있는 제우
스 신상은 아이하눔 신전을 찾았던 사람들에는 그리스인들뿐 아
니라 페르시아의 전통을 이어받은 민족들도 상당수 포함되어 있
었다는 사실을 말해 주고 있다. 당시 식민지 통치 정책의 일환이었
던 본토인들의 식민지 이주로 아이하눔에도 많은 그리스인들이
살게 되었지만 그 숫자가 원주민의 수에 비할 바는 못 되었다. 따
라서 식민지에서 토속 종교의 수용은 불가피한 실정이었다. 소수
의 지배계층이 다수의 피지배계층을 아우르는 데 있어서 종교만
큼 유용한 수단도 없었을 테니까 말이다. 그런 점에서 고대 그리스
인들은 근대의 제국주의 국가들보다는 온건하고 비폭력적인 방
법을 택했던 것 같다. 이는 근대에 비해 한결 느슨했던 고대인들의
민족주의 의식과 종교관의 반영으로도 볼 수 있을 것이다. 알렉산
드로스가 이집트의 태양신 아몬을 숭배하고 스스로 그의 아들이

라 칭했던 역사적 사실도 이점을 반증해 주고 있다.

그런가 하면 조로아스터교의 미트라 신은 유럽 일대로 전파되어 특히 로마제국에서 크게 유행했으며, 미트라를 단독으로 섬기는 '미트라교'가 형성되기도 했다. 한편 동쪽으로 전파된 미트라 신은 불교의 구세주 격인 미래불, 미륵(彌勒, Maitreya)으로 변신을 꾀한다.

그림 16 아몬 신의 뿔 장식을 한 알렉산드로스가 새겨진 주화

이처럼 조로아스터교의 태양신 미트라는 유라시아의 동과 서에서 널리 신앙되었을 뿐만 아니라 미트라교에서 유래된 여러 상징물들은 유라시아의 각 종교 속으로 침투해 들어가 원형으로 작용하기도 했다. 미트라가 동굴에서 황소를 죽인 데서 연원이 된 미트라 동굴사원은 돔(Dome)의 형식으로 패턴화되어 기독교, 불교, 이슬람교의 사원 건축에 영향을 주었으며,그림 20~23 미트라의 머리와 등 뒤에 나타나는 햇살무늬는 기독교 성상(聖像)에서의 후광(後光)과 불상에 나타나는 광배(光背)의 기원이 되었다.그림 24~26 따라서 제우스 머리에 얹힌 태양광쯤이야 당시로서는 어쩌면 지극히 자연스러운 현상이었을지도 모른다. 아마도 아이하눔의 원주민들은 제우스 또한 미트라에 다름 아니었다고 생각했을 것이다.

이 두 신의 결합이 예사롭지 않은 것은 제우스가 기원전 17~18세기경 중앙아시아 지역에서 이주해 온 아리아족이 신봉하던 빛의 신으로 추정된다는 점이다. 여기서 '제우스'(Zeus)의 어원

그림 17 로마에서 출토된 미트라   그림 18 간다라 미륵   그림 19 논산 은진미륵
신상

이 '빛나는'(deieu)이라는 뜻의 인도유럽어라는 점이 더욱 의미심
장하게 다가온다. 한편 미트라는 조로아스터교의 태양신이기도
하지만 더 오래전 아리아족의 빛의 신이었다는 점을 감안하면 기
원전 17~18세기경 중앙아시아 지역에서 그리스 반도로 이주하여
제우스가 된 바로 그 신이었을 가능성이 매우 높다. 그렇다고 할
때 제우스가 옛 페르시아 땅에 와서 미트라와 결합하여 하나가 된
것은, 본래 하나였지만 어떤 계기로 갈려 나와 그리스의 최고신이
되었다가, 오랜 세월이 흐른 뒤 본토에서 자신의 전신을 만나 재결
합한 경우라 할 수 있을 것이다. 제우스의 정체성이 더욱 복잡해지
는 대목이다.

그림 20 동굴에서 황소를 죽이는 미트라

그림 21 돔형 지붕을 한 이슬람 사원

그림 22 바티칸 성당의 돔형 지붕

그림 23 불교사원의 돔형 석굴 내부를 보여 주는 석굴암 모형

| 후광 및 광배의 기원

그림 24 광배를 지닌 불상

그림 26 태양광을 지닌 미트라 신상

그림 25 후광을 지닌 기독교 성상

승리의 여신 니케의 굴욕

같은 아이하눔 유지에서 출토된 은쟁반의 니케(Nice) 여신상을 보면 역시 기존의 그리스 신화 내용과는 사뭇 다르다는 것을 알 수 있다. 니케는 그리스 신화 속 승리의 여신이다. 우리에게 잘 알려진 빅토리(victory)는 바로 니케의 로마식 이름인 빅토리아(Victoria)에서 유래되었다. 어깨에 크고 아름다운 날개가 달려 있는 승리의 여신 니케는 전쟁의 여신 아테나(Athena)와 짝을 이루어 함께 등장하는 경우가 많은데, 파르테논 신전의 주신인 아테나 여신상의 손바닥 위에는 요정처럼 작은 니케상이 놓여 있기도 하다.

　여기에는 전쟁과 승리가 상호 간에 분리하여 생각할 수 없는 개념이라는 다분히 상징적인 의미가 담겨 있는데, 전쟁은 승리를 목적으로 하고 승리 역시 전쟁 속에서 획득되기 때문이다. 본토에서 늘 아테나와 함께했던 니케는 알렉산드로스 동방원정 길에도 아테나와 함께 동참하여 페르시아 땅에 날아와 안착했다. 어쩌면 동방원정에서 거두었던 알렉산드로스의 승승장구는 모두 이 두 여신의 가호가 있어 가능했던 것인지도 모르겠다. 그런데 중앙아시아의 그리스 도시 아이하눔에서 발견된 은쟁반 위의 니케상은 더 이상 아테나와 함께 있지 않았다. 도대체 그녀들 사이에 무슨 일이 있었던 것일까? 먼 이국땅에 와서 크게 싸우고 결별이라도 했던 것일까? 어쩌면 그 두 여신을 갈라놓은 것은 그리스인들의 의도적인 소행이었을지도 모른다. 이미 승리를 쟁취한 그리스

그림 27 비엔나의 오스트리아 의회 앞에 세워진 아테나 여신상과 아테나 여신의 손바닥 위에 놓인 니케

그림 28 루브르 박물관에 소장된 사모트라케의 니케

로서는 더 이상의 전쟁도, 승리도 필요치 않았을 테니까…. 그 대신 이제는 그리스의 소유가 된 점령지가 더 이상 전쟁으로 훼손됨이 없이 안정과 풍요가 넘쳐 그들에게 더욱 큰 이익을 가져다주기를 바랐을 것이다. 아마도 그런 이유로 그리스인들은 아테나와 니케 사이를 갈라놓지 않았을까? 대신 전쟁에서의 승리가 아닌 수확에서의 승리를 위해 오랜 콤비였던 아테나를 떼어놓고 이번에는 풍요를 상징하는 키벨레(Cybele) 여신을 니케의 새로운 짝으로 맺어준 것이리라.

키벨레는 원래 소아시아의 여신이었으나 B.C. 6세기경에 그리스로 들어왔고, 이어 로마로 전해졌다. 그 후로 그리스와 로마에

그림 29 마드리드 시벨레스 광장에 세워진 키벨레 여신상. 두 마리의 사자가 끄는 수레를 타고 있다.

그림 30 아이하눔에서 출토된 은쟁반에 새겨진 키벨레 여신과 니케 여신. 역시 두 마리의 사자가 끄는 수레를 타고 있다. 하늘에는 달과 별, 그리고 중앙에는 태양광이 빛나는 미트라 신이 새겨져 있다.

그림 31 그림 30의 은쟁반 확대 부분. 시종이 받쳐 든 파라솔을 쓰고 있는 키벨레 여신 옆에 날개를 접은 니케 여신이 서 있다. 제우스 신이나 아테나 여신과 함께 등장하는 니케상이 날개를 활짝 펼치고 있는 것과는 사뭇 대조를 이룬다.

서 많은 여신들과 동일시되는데, 그리스에서는 크로노스의 아내이자 올림포스 신들의 어머니인 레아와 동일시되었다. 이 여신은 풍요를 상징하는 대지모신(大地母神, Mother goddess)의 성격을 지니고 있으며, 또한 산림(山林)의 수호신으로, 좌우에 두 마리의 사자를 거느리고 있어 호랑이를 거느리고 있는 우리나라 산신령의 이미지를 떠오르게 한다. 또한 머리에 작은 탑들이 달린 관을 쓰고 있는 모습이 특징적이다.

그런데 여기서 니케와 키벨레, 이 두 여신의 관계에 대해 언급하자면, 이들이 콤비를 이루었다기보다는 니케 여신이 키벨레 여신의 수하로 들어갔다고 하는 편이 보다 정확한 표현이 될 것이다. 은쟁반에 새겨진 부조의 내용에 비추어 볼 때,^{그림 30~31} 키벨레와 니케는 두 마리 사자가 끄는 수레에 나란히 동승해 있지만 시종이 파라솔을 키벨레 여신만 씌우고 있는 것으로 보아 서열의 우위가 키벨레 여신에게 있음을 한눈에 알 수 있기 때문이다. 유명한 그리스 조각 '사모트라케의 니케'^{그림 28}에서 눈이 부시도록 황홀하게 퍼덕이고 있는 그녀의 날개는 비에 젖은 새의 깃털처럼 힘없이 아래를 향해 접혀 있다.

여기서 니케의 호적을 잠시 들춰 보면 그녀의 아버지는 티탄(Titan)족의 팔라스이고 어머니는 이승과 저승을 이어 주는 죽음의 강을 지키는 스틱스 여신이다. 티탄족은 거인족이라고도 하며 제우스를 비롯한 올림포스 신들과의 전쟁에서 패배하여 힘을 잃게 되지만 올림포스 신들이 등장하기 이전의 세계를 지배했던, 역시 그리스의 유서 깊은 신들이다. 니케의 형제들은 모두 파워풀한

포스가 느껴지는 이름을 부여받았는데, 경쟁을 뜻하는 젤로스, 힘 또는 권력을 뜻하는 크라토스, 폭력을 뜻하는 비아가 그들이다. 스틱스는 제우스가 신들을 결속하여 티탄족과 전쟁을 벌였을 때 니케를 포함한 그녀의 자식들을 모두 이끌고 신들의 편에 서서 전쟁을 승리로 이끌었다. 이렇듯 막강한 가문의 태생으로 빛나는 공적을 세운 니케 여신이 그리스 식민지 출신인 대지모신의 협시가 되다니…. 그러나 니케의 경우는 서막에 불과했다. 알렉산드로스를 따라 대거 동방으로 이주해 온 그리스 신들 앞에는 그들도 알 수 없는 일들이, 아니 알렉산드로스조차도 짐작하지 못했던 놀라운 일들이 기다리고 있었다.

박트리아 왕국의 그리스 신들

• 코인 속의 그리스 신들

셀레우코스 왕조의 성립으로부터 반세기 정도가 흐른 뒤 박트리아와 파르티아라는 두 개의 대형 왕국이 셀레우코스 왕조로부터 독립했다. 그중 박트리아 왕국은 현재의 아프가니스탄과 타지키스탄 일대, 그리고 우즈베키스탄에 해당하는 소그디아나를 포함한 상당히 넓은 지역이었다. 박트리아는 원래 아케메네스 왕조 페르시아에 속한 행정구역 중 하나였으나, 알렉산드로스의 동방원정 이후로 그리스 식민도시의 일부가 되었다. 그러던 것이 셀레우코스 왕조의 안티오코스 2세(Antiochos II, 재위 B.C. 261~B.C. 246)가

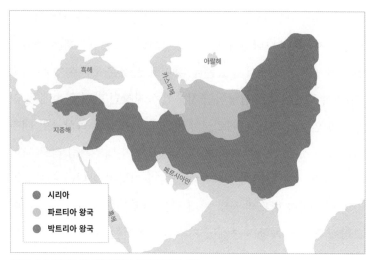

지중해

흑해

아랄해

카스피해

페르시아만

홍해

● 시리아
● 파르티아 왕국
● 박트리아 왕국

그림 32 B.C. 3세기경 박트리아 왕국과 파르티아 왕국 지도

영토를 둘러싸고 이집트와 전쟁을 하는 사이, 그리스인 디오도토스가 독립을 선언하고 수립한 왕국이다. 따라서 독립의 주체는 여전히 그리스인들이었으며, 지배 세력도 온전히 그들의 차지였다. 이처럼 그리스인들이 통치의 주역이었던 박트리아 왕국에서는 토착문화라 할 수 있는 페르시아 문화와의 융합 현상은 그다지 발생하지 않았다. 앞서 살펴본 아이하눔 유적지는 셀레우코스 왕조 시기에 해당하는 B.C. 300년경에 조성된 것이지만, 지리적으로 독립한 박트리아 왕국의 영토에 속하므로 문화의 특성은 고스란히 박트리아 왕국으로 이어졌다.

박트리아인들은 그리스 전통 방식대로 코인의 겉면에 역대 왕들의 초상을 새기고 이면에는 그리스 신들과 명문을 새겼는데, 그 명문이 그리스어 이외에도 이 지역에서 널리 쓰였던 카로슈티

어를 사용했다는 것 말고는 특별히 동서융합을 나타내는 현상은 발견되지 않았다. 다만 안티마코스 1세의 은화 뒷면에는 바다의 신 포세이돈상이 새겨져 있는데, 흥미로운 것은 오른손에 든 지물(持物)이 포세이돈의 전형적인 지물인 삼지창인 반면 왼손에 든 리본이 묶인 나뭇가지는 페르시아와 간다라 지방의 특산물인 대추야자라는 것이다. 대추야자는 열매의 모양이 대추처럼 작고 붉어서 붙여진 이름으로, 페르시아와 간다라 지방뿐 아니라 북아프리카와 아라비아 반도의 사막 지대 같은 건조한 지역에서 식생하며 그리스 본토가 속한 지중해성 기후 지대에서는 자라지 않는다. 예로부터 페르시아 일대에서 리본을 매단 대추야자 나뭇가지는 승리와 영원성을 상징하는 의장(意匠)으로 사용되었다는 점 또한 대추야자 나뭇가지가 그리스 본래의 의장이 아님을 말해 주고 있다.

그 외에도 박트리아 시대의 코인에는 최고신 제우스, 승리의 여신 니케를 비롯하여 그리스 신화 속의 주요 신들이 대거 등장하고 있으며, 그중에서도 올리브나무로 만든 방망이를 들고 사자가죽을 몸에 걸친 헤라클레스상이 특히 많이 등장하고 있는 것으로 보아 그리스 본토에서와 마찬가지로 이 지역에서도 헤라클레스에 대한 단독 신앙이 성행했었다는 것을 알 수 있다. 이 시기에 나타나는 헤라클레스상에서는 다른 신상들과 마찬가지로 별다른 변화가 발견되지 않고 있으며, 동서융합이 낳은 이렇다 할 변종의 출현도 발생하지 않았다. 문화 간의 융합 현상이 본격적으로 나타나기 시작한 것은 박트리아와 거의 같은 시기에 셀레우코스 왕조로부터 독립했던 파르티아 왕국에서다.

▌박트리아 시대 코인에 나타난 그리스 신들의 형상

그림 33 그리스 도자기에 그려진 바다의 신 포세이돈상

그림 34 안티마코스 1세의 동전에 새겨진 포세이돈상. 오른손에는 그를 상징하는 삼지창을, 왼손에는 리본을 매단 대추야자 나뭇가지를 들고 있다.

그림 35 왕권의 상징인 리본이 달린 원환(Diadem)을 왕에게 수여하는 아후라마즈다 신

그림 36 대추야자 나뭇가지를 머리에 꽂은 니케 여신이 한 손에 리본이 달린 원환을 들고 있다.

그림 37 그리스 시대의 헤라클레스상

그림 38 박트리아 금화에 새겨진 헤라클레스상. 사자가죽을 걸치고 올리브나무 방망이를 들고 있는 형상이 그리스 본토의 헤라클레스상과 별반 다를 바 없다.

3장

동방 헬레니즘 2기: 신들의 컨소시엄

파르티아 문화의 특징

셀레우코스 왕조의 안티오코스 2세가 이집트와 전쟁을 벌이는 와중에 독립을 선언하고 나선 것은 박트리아 왕국뿐만이 아니었다. 파르티아와 그 밖에 수많은 군소왕국들이 연달아 분리해 나온 셀레우코스 왕조는 3세기 후반에 이르면 최전성기 영토의 5분의 1밖에 남지 않게 된다. 박트리아의 독립이 그리스인에 의한 것이었다면 파르티아의 독립은 이란계 유목민족에 의한 것이었다. 파르티아의 독립은 이란계 유목민 파르니족(Parni)에 의한 것으로, 파르니족은 기원전 4세기 중엽 현재는 호라산(Khorasan)으로 불리는 페르시아의 관할지 파르다바(Pharthava)를 침략해 그곳에 정착했다. 파르티아는 다름 아닌 파르다바에 해당하는 그리스식 지명 표기인 것이다. 파르니족은 원래 스키타이족을 선조로 둔 기마유목민족으로 말타기와 활쏘기에 능했다.

파르니족뿐만 아니라 중앙아시아 초원 지대의 기마유목민족들은 공통적으로 기마전에 능숙했다. 페르시아나 그리스의 중장보병(中裝步兵)에 비해 유목민의 기마군단(騎馬軍團)은 기동력이 우수하고 변화무쌍한 전법을 구사했으므로 적은 숫자로도 몇 배의 대군병력을 능히 제압할 수 있었다. 일찍이 천하무적의 알렉산드로스도 유목민의 기마군단을 두려워했으며, 그의 후계자 셀레우코스 군대도 이들 기마군단에 패해 무릎을 꿇었다. 파르티아 기마군은 전투 시 종종 말을 타고 도망치는 척 하다가 마상에서 몸을 돌려 활을 쏘아 적을 해치웠는데, 파르티아식 활쏘기를 뜻하는 '파르티안 샤프트'(Parthian shaft)라는 말이 이로부터 나왔다. 이러한 활쏘기 방식은 고구려 고분벽화에도 등장하고 있어 고구려인들 역시 기마민족의 후예였음을 알 수 있다. 같은 시기 독립했던 박트리아 왕국이 1백 년 남짓 왕조를 지탱하다 쿠샨 왕조를 세운 유목민족 대월지의 지배하에 들어간 반면 파르티아는 기원후 3세기 사산 왕조(Sasan, 224~651)에 의해 멸망당하기까지 약 500년간 왕조를 이어 갔다.

파르티아의 실제 왕조명은 왕조의 창시자 아르사케스(Arsaces)에서 비롯된 '아르사키드'(Arsacid)이고 한자로는 안식(安息)으로 표기되는데, 『한서』(漢書)나 『사기』(史記)와 같은 중국 사서(史書)에 등장하는 '안식국'(安息國)은 다름 아닌 파르티아를 가리킨다. 그리스계가 지배세력이었던 박트리아 왕국에서 그리스 전통이 강한 문화가 이어진 데 반해 이란계 유목민족이 세운 파르티아 왕국에서는 보다 복합적인 양상의 문화가 꽃피었다. 페르시아

그림 1 전성기(1세기) 파르티아 지도

그림 2 고구려 고분벽화의 파르티아식 활쏘기 장면

의 전통을 강하게 보유하고 있었던 파르티아인들은 기존의 페르시아 문화와 알렉산드로스의 동방원정 이후에 세워진 그리스 문화 위에 자신들이 가지고 내려온 유목민족 특유의 문화를 더했다. 나아가 그 당시 교류가 활발했던 마우리아 왕조(Maurya, B.C. 317∼B.C. 180) 시대의 인도 문화까지 합세하여 한층 복잡해진 혼합문화의 성격이 당시 파르티아의 유물 속에서 발견되고 있다. 무엇보다도 파르티아 문화가 그리스 식민지 이전의 아케메네스 왕조나 파르티아 이후의 사산 왕조와 다른 점은 그리스의 영향이 크게 작용했다는 것이다. 그런 이유로 훗날 사산 왕조는 파르티아를 정통 페르시아 왕조로 인정하지 않았다.

파르티아 시대에는 본토에서 이주해 온 그리스계 장인이 만든 것으로 추정되는 대리석제 여성상, 승리의 여신 니케상, 미와 사랑의 여신 아프로디테상 등 그리스 고전기 양식의 조각과 더불어 페르시아풍이 혼합된 헬레니즘 양식의 조각 작품들이 다수 만들어졌다. 그런가 하면 긴 바지와 튜닉(tunic)으로 구성된 유목민 전통의상을 입은 인물상과 유목민족 고유의 술잔인 리톤(rhyton, 角盃, 짐승의 뿔로 만든 술잔)도 발견되었다. 특히 파르티아에서 발견된 리톤에는 그리스 신화 속의 반인반마 켄타우로스가 조각되어 있어 그리스 문화의 영향을 단적으로 보여 주고 있다.

또한 파르티아 왕조 미트라다테스 2세의 코인에는 '옴파로스'[1] 그림 8 위에 앉아 있는 아폴론상그림 7을 모델로 하여 활을 들고 옴

---

1 옴파로스는 그리스어(ὀμφαλός)로 '배꼽'이라는 뜻이다. 신화에 의하면 제우스 신이 세상

그림 3 그리스 장인이 만든 것으로 추정되는 파르티아의 아프로디테상

그림 4 유목민 전통 의상을 입은 파르티아 인물상

그림 5 켄타우로스가 조각된 리톤

파로스 위에 앉아 있는 왕의 모습이 새겨져 있다.[그림 6] 활은 이란계 민족의 왕권을 상징하므로 그리스 신화 속의 도상을 이용해 왕권의 정통성을 표시하고자 했던 것으로 보인다. 이처럼 파르티아 문화에는 페르시아적인 요소와 그리스적인 요소 위에 유목민 고유의 요소와 인도문화적 요소까지 더해져 혼합문화적 양상이 한층 강화되어 있음을 알 수 있다.

의 중심을 찾기 위해 두 마리의 독수리를 하늘로 날려 올렸는데, 이 두 마리의 독수리가 정확히 교차한 지점이 델포이 상공이었다고 한다. 제우스는 그 지점에 돌을 세워 세상의 중심임을 표시했다.

그림 6　활을 들고 옴파로스 위에 앉아 있는
미트라다테스 2세의 코인

그림 7　옴파로스 위에 앉아 있는 아폴론

그림 8　그리스에서 발굴된 옴파로스

선신과 악신

알렉산드로스가 동방원정에서 차지한 페르시아 땅은 본래 조로
아스터교의 본거지였다. 페르시아, 하면 조로아스터교를 떠올릴
만큼 페르시아를 대표하는 문화는 무엇보다도 종교라고 할 수
있다. 페르시아 문화에 있어 종교가 강하게 뿌리를 내리게 된 것
은 시간을 까마득히 거슬러 올라 아리아족의 대이동 시 동쪽으
로 향했던 인도-이란족의 종교의식에 그 연원을 두고 있다. 이러
한 종교적 전통은 그들이 정착한 이후 사제계급을 위시한 계급사
회를 공고히하면서 페르시아를 대표하는 정체성으로 굳어져 갔
다. 그 후 페르시아의 전통 종교로 자리 잡은 조로아스터교는 선
악의 구분이 분명하고 그런 만큼 조로아스터교의 신들은 선신(善
神)과 악신(惡神)으로 뚜렷이 대별되는 특징을 보인다. 그중 '아후
라 마즈다'(Ahura Mazda)는 조로아스터교의 창조신이자 최고의
선신이다. 한편 아후라 마즈다에 맞서는 최고의 악신으로 앙그라
마이뉴(Angra Mainyu)가 있다.그림 10 앙그라 마이뉴는 끊임없이 선
의 세계를 파괴하고 인간에게 해를 끼치는 이른바 사탄(악마)의
원조가 된다. 조로아스터교의 경전에 따르면 이 세상은 선신 아
후라 마즈다와 악신 앙그라 마이뉴 간 투쟁의 반영이며 앙그라
마이뉴는 세계 종말의 때에 패배한다고 한다. 이른바 선의 승리
인 셈이다.

그러나 아후라 마즈다 역시 처음부터 고정된 정체성을 지니
고 있었던 것은 아니다. 아리아족의 한 갈래인 인도-이란족이 공

통으로 신봉했던 성전 『리그베다』(*Rigveda*)에 등장하는 일군(一群)의 데바(Deva)와 아수라(Asura)의 성격에는 본래 선과 악이 구분되어 있지 않았다. 이들 신군(神群)이 선신과 악신으로 분류된 것은 훨씬 후대의 일이다. 인도-이란족이 공통으로 지니고 있던 선악의 개념과 그로부터 구축된 선신과 악신의 성격은 인도-이란족이 최종적인 정착지를 달리하여 각각 인도 대륙과 이란고원으로 분리되면서 각기 차이를 지닌 정체성으로 굳어졌다. 무엇보다도 흥미로운 것은 인도대륙의 아리아족에게 있어 데바는 선신, 아수라는 악신이 되었지만 이란고원에 정착한 아리아족의 경우, 반대로 아수라는 선신, 데바는 악신으로 자리매김되었다는 것이다. 훗날 조로아스터교에 오면 『리그베다』의 데바에 해당하는 다에바(Daeva)는 악마가 되고, 아수라에 해당하는 아후라(Ahura)는 최고의 선신 '아후라 마즈다'가 된다. 이로써 선신과 악신의 정체성이 처음부터 결정되어 있지 않았다는 것을 알 수 있다.

아후라 마즈다는 조로아스터교의 주신으로 스스로의 영(靈) 이외에 선한 의도, 법칙, 선한 왕국, 신심, 건강, 불사의 여섯 가지 속성으로 이루어져 있다. 그리고 이 여섯 가지 속성으로부터 수많은 신의 무리가 갈려 나와 각자 역할을 분담하고 악마의 무리인 데바와 대적한다. 이렇게 복잡하고 다양한 정체성을 지닌 아후라 마즈다는 파르티아 시대에 오면 그리스의 최고신 제우스와 접속을 이루어 또 하나의 새로운 정체성으로 거듭나게 된다.

그림 9 노트르담 대성당 정문의 천사와 악마

그림 10 조로아스터교의 악신 앙그라 마이뉴

그림 11 페르세폴리스궁에 새겨진 아후라 마즈다 신

그림 12 그리스 도자기에 그려진 제우스 신

파르티아의 제우스와 아폴론

셀레우코스 왕조에서 독립한 유목계 이란족의 파르티아 왕국에서는 그들의 원종교인 조로아스터교를 신봉했지만 당시 페르시아 땅에는 식민지 당시 접속이 이루어졌던 그리스 문화의 잔재가 그대로 남아 있었다. 그러나 타민족의 문화에 배타적이지 않았던 파르티아인들은 이미 페르시아 땅 깊숙이 뿌리내린 그리스의 최고신 제우스를 배척하지 않고 조로아스터교의 최고신 아후라 마즈다와 동일한 신으로서 신봉했다. 이는 훗날 페르시아 지역을 통일한 사산 왕조가 파르티아를 정통 페르시아 왕조로 받아들이려 하지 않았던 이유 중 하나가 된다.

우리는 앞서 셀레우코스 왕조 시기에 미트라와 결합한 제우스에 대해 살펴본 바 있다. 파르티아보다 이른 시기의 셀레우코스 왕조에서 만들어진 제우스의 조상은 머리에 미트라의 태양광을 얹고 있어, 이 시기의 제우스는 아후라 마즈다가 아닌 미트라와 결합되었음을 알 수 있다. 그러나 파르티아에 오면 제우스는 미트라와의 접속을 풀고 아후라 마즈다와 재접속한 반면 미트라는 제우스의 아들 아폴론과 재접속하게 된다. 이렇게 해서 아폴론은 파르티아 왕국에서 조로아스터교의 태양신 미트라와 하나가 되었다.

파르티아에서 아폴론이 접속한 미트라는 본래 고대 인도-이란족이 신봉했던 빛의 신으로 밤과 낮, 계절의 변화 등 우주의 질서를 통제했으며 훗날 조로아스터교에 흡수되어 태양신이 되었다. 타문화를 배척하지 않고 수용함으로써 문화 간의 결합이 적극

그림 13 로마 로스피클리오지 궁전 천장에 그려진 하늘마차를 모는 태양신 아폴론(귀도 레니 作,「새벽의 여신 이오스」)

그림 14 이란 타키부스탄 암벽에 새겨진 조로아스터교의 태양신 미트라

적으로 이루어졌던 파르티아에서 그리스의 최고신 제우스가 조로아스터교의 최고신 아후라 마즈다와 결합한 경우나 그리스의 태양신 아폴론이 조로아스터교의 태양신 미트라와 결합한 것은 어찌 보면 지극히 자연스러운 현상이라 하겠다. 이렇게 파르티아인들은 알렉산드로스가 페르시아 땅에 심어 놓은 그리스 신들을 그들의 전통 신들과 결속시켰으며 거부감 없이 함께 섬겼다.

동서 영웅신의 만남

파르티아에서 이루어졌던 신들 간의 결합 중에서도 특히 헤라클레스와 베레트라그나(Verethragna) 콤비는 파르티아 왕국은 물론 보다 동쪽의 쿠샨 왕조에까지 전파되어 많은 신자를 얻을 정도로 그 인기가 높았다고 한다. 베레트라그나는 전사들을 수호하고 전쟁을 승리로 이끄는 전승신(戰勝神)으로, 아후라 마즈다, 미트라, 아나히타와 더불어 조로아스터교의 주요 신들 가운데 하나이다. 조로아스터교의 경전 『아베스타』(Avestā)에서는 베레트라그나를 강인하고 공격적인 힘을 갖춘 무적의 용사로 묘사하고 있다. 조로아스터교의 전승신 베레트라그나는 그리스 문화의 유입 이후 자신과 가장 어울리는 이민족의 신과 조우하게 되었는데 그가 바로 천하무적의 영웅신 헤라클레스였다. 이들은 단박에 서로를 알아보고 힘찬 악수를 나누었다.

알렉산드로스 동방원정 이후 헤라클레스 신앙이 식민지 곳곳으로 크게 퍼져 갔던 것은 무엇보다도 코인과 조각상 등 헤아릴 수 없이 많은 헤라클레스 관련 유물들이 증명해 주고 있다. 특히 암산(巖山)이 많은 파르티아에서는 곤봉을 들고 사자가죽을 걸친 나체의 헤라클레스 신상이 다수 암벽에 새겨져 있는 것을 볼 수 있다. 그리스로부터 동방 각지로 흘러 들어온 수많은 신들 중에서도 헤라클레스만큼 인기를 얻은 그리스 신은 없었다. 특히 파르티아 왕국에서 헤라클레스는 조로아스터교의 전승신 베레트라그나와 조합을 이룸으로써 더욱 많은 신자를 얻게 되었다.

그림 15 파르티아 시대 바위산 암벽에 조성된 헤라클레스상

파르티아가 셀레우코스 왕조로부터 독립한 이후에도 두 나라 간의 공방전이 한동안 지속되었는데, 셀레우코스 왕조는 기마 유목민족인 파르티아의 적수가 되지 못했다. 이란계 유목민족인 파르티아인들은 특히 유목민 특유의 기마전술에 능해서 중무장 보병(重武裝步兵, hoplites)을 주력부대로 하는 셀레우코스 군대가 맥을 못 출 정도였다고 한다. 셀레우코스 왕조는 오래 버티지 못하고 이란고원 일대를 전부 파르티아에 빼앗겼으며, 마침내 대제국에서 시리아만 남은 일개 소왕국으로 전락하고 말았다.

이처럼 전투에 능하고 호전적이었던 파르티아에서 천하무적의 헤라클레스는 그들의 염원을 채워 줄 또 하나의 전승신으로서 열렬히 환영받을 수 있었다. 파르티아인들은 막강한 능력의 두 신을 결합시킴으로써 그 힘이 배가 되어 모든 전쟁을 승리로 이끌어

주리라 굳게 믿었을 것이다. 전승신 베레트라그나와 헤라클레스의 결합 역시 파르티아의 정황에 비추어 볼 때 지극히 자연스러운 현상이었다. 이에 대해 당사자인 두 신들은 전혀 불만이 없었던 것 같다. 그도 그럴 것이 이들 콤비의 결속은 오랜 세월 지속되었을 뿐만 아니라 이웃 나라에까지 진출해 흥행가도를 달렸다고 하니 말이다.

비껴간 인연

포커는 그 게임의 룰에 의해 몇 개의 패(牌)가 정해지고, 그 정해진 패 안에서 낱장의 카드는 배치를 이룰 수 있다. 숫자 또는 문자가 같은 카드가 2장 있을 때는 원 페어가 되고, 3장 있을 때는 트리플이 된다. 이런 식으로 8개의 패가 정해지며 어느 경우라 할지라도 룰을 벗어난 엉뚱한 조합은 성립하지 않는다. 이는 52장의 카드에 8개의 패가 내재되어 있음을 의미한다. 다시 말해 포커의 패는 52장의 카드 낱장에 내재되어 있는 것이지 카드를 벗어나 존재하는 것이 아니다. 그러므로 52장의 카드는 포커의 패를 품고 있는 게임의 장(場, field)이 된다. 그리고 패의 조합, 즉 배치는 52장의 카드 안에 잠재되어 있다. 이 잠재되어 있는 카드의 패들은 조건에 부합하는 접속이 발생하면 나타날 수도 있고 나타나지 않을 수도 있는 것이 아니라 반드시 나타나고야 만다. 따라서 잠재성은 현실로 드러나지는 않았지만 실제(virtuaility)라고 보는 것이다.

그러므로 잠재성이 현실로 구현될 수 있는 조건은 다름 아닌 '접속'에 있다. 52장의 카드에 원 페어가 잠재되어 있지만, 52장의 카드 중에서 같은 값의 카드 2장이 접속해야만 현실의 이면에 잠재해 있던 원 페어는 비로소 현실의 표면 위로 솟아오른다. 이러한 카드의 룰을 염두에 두고 역사의 물밑을 가만히 들여다보면 마찬가지로 접속을 이루지 못해 역사의 수면 위로 떠오르지 못한 무수한 사건들이 잠재해 있음을 알 수 있다.

당시 파르티아에는 수많은 그리스 신들이 정착해 있었으며 그중 전승신 베레트라그나와 견줄 만한 성격의 신들로는 헤라클레스 이외에도 전쟁의 신 아테나와 승리의 신 니케가 있었다. 또 다른 전쟁의 신 아레스는 페르시아와 중앙아시아 어디에서도 그의 자취가 발견되지 않는 것으로 보아 애초에 알렉산드로스의 동방원정에 동참하지 않았던 것으로 보인다. 아레스는 전쟁의 신답게 용맹했지만 성격이 거칠고 난폭한 데가 있어서 그리스인들 사이에서도 그다지 사랑받지 못하는 신이었으니 아마도 알렉산드로스가 은근슬쩍 따돌린 것이 아닐까 추측된다. 아레스의 공공연한 정부였던 아프로디테도 둘 사이에서 낳은 아들 에로스만 데리고 살며시 원정길에 올랐다. 하긴 그녀에게 매혹당할 남신이나 남자 사람들이야 어딜 가나 넘쳐났을 테니까….

그러나 아테나는 같은 전쟁의 신이라 해도 아레스와는 여러 면에서 사뭇 달랐다. 그녀는 태생부터가 예사롭지 않은데, 아테나의 아버지는 신들의 왕 제우스이고 어머니는 지혜의 여신 메티스였다. 제우스는 메티스에게서 태어나게 될 아이가 자신보다 더

그림 16 제우스의 머리에서 탄생하는 아테나. 오른쪽에 대장
장이의 신 헤파이스토스가 도끼를 손에 들고 있다.

그림 17 아카데미 건물 앞에 세워진 아테나
여신상

지혜로우리라는 신탁을 받고 아테나가 태어나자마자 통째로 삼
켜 버렸다고 한다. 일설에는 제우스가 임신한 메티스째로 삼켰다
고도 하는데 어쨌든 제우스의 목적은 아테나가 세상 밖으로 나오
지 못하게 하는 것이었으며 이는 훗날 성장한 아테나가 지혜를 발
휘하여 자신의 왕좌를 빼앗을지도 모른다는 두려움 때문이었다.
그러나 지혜로운 아테나는 제우스의 머릿속에서 소란을 피우고
고통을 견디지 못한 제우스는 대장장이의 신 헤파이스토스에게
자신의 머리를 가르고 아테나를 꺼내도록 지시했다. 그렇게 해서
전쟁의 신이자 지혜의 신이기도 한 아테나는 완전무장한 채로 제
우스의 머리에서 튀어나왔다고 한다.

아테나는 아버지인 제우스로부터는 힘과 용기를, 그리고 어
머니인 메티스로부터는 지혜를 물려받아 지혜와 힘과 용기를 두

루 겸비한 훌륭한 군신으로 자라났다. 그녀는 비록 전쟁의 신이기는 했지만 평화를 사랑하고 전쟁을 싫어했다. 그러나 일단 전쟁이 일어나면 군신으로서의 면모를 십분 발휘하여 누구보다도 용감하게 싸워 기필코 승리를 쟁취했다. 또 다른 전쟁의 신 아레스가 거칠고 호전적인 데 반해 아테나는 포용력과 덕망을 갖추고 있어 그리스인들의 사랑을 한몸에 받았다. 지금의 그리스 수도 아테네는 다름 아닌 아테나의 이름에서 유래되었는데, 그만큼 아테나에 대한 그리스인들의 사랑과 신뢰는 두터운 것이었다. 아테네 한가운데 우뚝 솟은 파르테논 신전에는 거대한 아테나 여신상이 안치되었으며, 아테네인들은 그녀를 수호신으로 모시고 그들이 할 수 있는 최고의 경배를 바쳤다.

헤라클레스가 제아무리 천하무적의 장사라 해도 반인반신인 그로서는 신분서열에 있어서 아테나의 적수가 될 수 없었으며 능력 면에서도 결코 아테나를 능가할 수는 없었다. 적어도 신화의 본고장인 그리스에서는 그랬다. 헤라클레스 신화에서만도 헤라클레스가 아테나의 도움에 힘입어 난관을 극복하는 장면이 여러 번 등장한다. 네메아 숲의 사자를 잡으러 들어갈 때 방패를 준 것도, 스팀팔로스의 괴조를 잡을 때 헤파이스토스가 만든 청동 래틀(흔들어 소리를 내는 기구) 한 세트를 준 것도 아테나 여신이었다. 그 밖에도 헤라클레스가 열두 과업을 수행하는 데 있어서 아테나로부터 받은 도움은 헤아릴 수 없이 많았다. 헤라클레스 이외에도 아테나는 페르세우스와 테세우스 같은 영웅들이 역경을 헤치고 임무를 수행할 때 지혜와 능력을 발휘하여 기꺼이 그들의 편이 되어 주

그림 18 아테네 시가지 한가운데 세워진 파르테논 신전

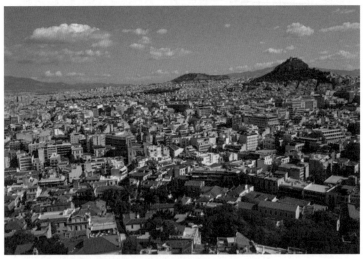

그림 19 파르테논 신전에서 바라본 아테네 시가지 전경. 아테나 여신이 아크로폴리스를 만들기 위해 옮기다 떨어뜨렸다는 리카베투스산이 시가지 한가운데 우뚝 솟아 있다.

그림 20 헤라클레스와 베레트라그나의 접속으로 탄생한 파르티아의 전승신

었다. 그들 역시 헤라클레스와 마찬가지로 아테나의 도움에 힘입어 무사히 임무를 수행할 수 있었다. 한마디로 아테나 여신은 '넘사벽'의 탁월한 능력을 지닌 신 중의 신이자 영웅들의 수호자였다. 그러나 아테나는 파르티아에서 전승신 베레트라그나와 짝을 이루지 못했다. 대신 그녀는 페르시아 신화에 등장하는 물의 여신 아나히타와 결연을 맺게 된다.

베레트라그나의 짝이 될 만한 신격은 아테나 여신만이 아니었다. 승리의 신 니케야말로 베레트라그나와 동일한 캐릭터로서 어쩌면 가장 잘 어울리는 한 쌍의 콤비가 아니었을까? 우리는 앞서 셀레우코스 왕조의 아이하눔에서 막강한 가문의 태생으로 빛나는 공적을 세운 니케의 호적과 이력을 살펴본 바 있다. 그런데 베레트라그나는 어째서 니케를 외면했던 것일까? 이미 셀레우코스 시대에 그녀가 대지의 여신 키벨레와 짝을 이루어 생산과 풍요를 돕고 있어서였기 때문일까? 그런 속내가 있었다면 더 이상 의문의 여지가 없겠지만, 어쨌든 운 좋게도 베레트라그나와 짝을 이루었던 헤라클레스는 파르티아에서 가장 큰 인기를 얻었으며 명성 또한 오래 유지되었다. 파르티아인들에게 이 두 신격은 동일시되었지만 그렇다 해서 헤라클레스의 지위가 낮아진 것은 아니었다. 다만 헤라클레스의 용기와 괴력이 전승신 베레트라그나에게 더해져 전승신의 힘이 배가되었을 뿐이다. 헤라클레스의 위상에 큰 변화가 발생한 것은 몇 세기 후 쿠샨 왕조에 이르러서다.

여신들의 다중연합

물의 여신 '아르드비 수라 아나히타'(Aredvi Sūra-Anāhitā)는 태양신 미트라와 더불어 원래 고대 페르시아 신화 속에 등장하는 신들 중 하나로 미트라 신과 마찬가지로 조로아스터교에 수용되어 매우 중요한 지위를 차지하고 있다. 아나히타는 땅과 우주 대양의 모든 물을 관장하는 물의 여신이자 인간의 생명을 관장하는 여신이다. 그런 이유로 특히 전쟁에 임하는 전사들은 아나히타 여신에게 생존과 승리를 구하는 기도를 바쳤다. 전설에 의하면 여신은 명문혈통의 태생으로 크고 강인한 신체에 아름답고 순결한 처녀의 모습을 하고 있다고 한다. 그리고 몸에는 금으로 수놓은 망토를 두르고 금귀고리와 금목걸이 등 금 장신구로 치장하였으며 머리에는 백 개의 별이 달린 황금왕관을 쓴 우아한 모습으로 묘사되고 있다. 아나히타 여신은 미트라 신과 더불어 좌우에서 아후라 마즈다 신을 보좌하며 왕실의 수호신으로서 추앙됐다.

이러한 아나히타 여신은 헬레니즘 시대에 지혜와 전쟁의 여신 아테나, 미와 사랑의 여신 아프로디테, 달의 여신 아르테미스 등 그리스 신화를 대표하는 여신들과 결합하여 일체를 이루게 된

그림 21 아나히타 여신

그림 22 아테나 여신

다. 아나히타 여신이 아테나 여신과 짝을 이룬 것에 대해 이의를 제기하는 입장은 없을 줄로 안다. 앞서 살펴본 대로 지혜와 전쟁의 여신 아테나야말로 능력에 있어서나 출신 성분으로나 아나히타 여신과 대등한 신격을 갖추고 있기 때문이다. 이미지상으로도 갑옷과 방패로 무장한 아테나 여신상은 아름다우면서도 강인하고 늠름한 형상의 아나히타 여신과 일체를 이루기에 손색이 없다.

그러나 애욕의 화신으로 늘 육감적인 나신을 드러내고 있는 아프로디테와 아나히타 여신의 결속에는 고개를 갸우뚱거리지 않을 수 없다. 아프로디테는 호메로스의 『일리아스』에 의하면 제우스와 티탄족의 여신 디오네의 딸이기도 하지만, 그리스의 서사(敍事) 시인 헤시오도스의 『신들의 계보』(Theogony)에 따르면 그녀는 크로노스가 아버지 우라노스를 거세한 후 성기를 바다에 던졌을 때 뿌려진 정액으로부터 태어났다고 한다. 아프로디테는 미와 사랑의 여신답게 최고의 아름다움을 자랑하고, 숱한 애정행각을 벌인 것으로도 유명하다. 사실 그녀의 정식 남편은 대장장이의 신 헤파이스토스였다. 그는 티탄족과 전쟁을 벌일 당시 제우스에게 뇌정을 만들어 준 대가로 가장 아름다운 여신 아프로디테를 아내로 맞이할 수 있었다. 그러나 추한 외모에 무뚝뚝한 성격의 헤파이스토스가 처음부터 마음에 들지 않았던 아프로디테는 남편 몰래 전쟁의 신 아레스와 밀회를 가져 포보스, 에로스, 하르모니아 등 많은 자녀를 얻었으며, 그 외에 아도니스, 안키세스 등 인간들과도 사랑에 빠졌다.

이런 아프로디테가 파르티아에서 아나히타 여신과 동일시되

그림 23 아프로디테의 남편인 대장장이의 신 헤파이스토스는 직접 고안한 쇠 그물로 아프로디테와 아레스를 제압하고 그들의 밀회 현장을 올림푸스의 모든 신들에게 폭로한다(마르텐 반 헴스케르크 作, 「아프로디테와 아레스」).

그림 24　인도 풍요의 여신
약시

그림 25　아프가니스탄 '틸라 테베' 유
적지에서 출토된 아프로디테 여신상.
인도 풍요의 여신 약시와 페르시아 날
개의 영향을 두루 받았다.

그림 26　그리스의 아프로디테상

었다는 점이 다소 의아하게 받아들여지지 않을 수 없는데, 이러한
현상은 무엇보다도 아프로디테가 그리스 본토에서 인간들로부터
받았던 인기와 사랑이 현지에서도 식지 않고 지속되었음을 말해
주고 있다. 이를 입증하듯 풍만하고 관능적인 아프로디테의 조상
(彫像)은 헬레니즘 시대 이후로 페르시아와 중앙아시아 전역에서
발견되고 있다. 어쩌면 파르티아인들은 아프로디테의 인기에 가
려진 숨은 내막(?)에 대해서는 전혀 모르고 있었던 것인지도 모르
겠다. 또는 당시 파르티아에 인도의 마우리아 왕조 문화가 유입된
정황에 비추어 볼 때 아나히타 여신과 하나가 된 아프로디테는 이
미 약시와 결합하여 풍요의 여신으로 거듭난 아프로디테였을 가
능성도 배제할 수 없다.

그림 27 아르테미스 여신상

한편 아나히타 여신의 또 다른 콤비로 아르테미스 여신이 있다. 제우스와 레토 사이에서 아폴론과 쌍둥이 남매로 태어난 아르테미스는 아폴론만큼이나 다양한 정체성의 소유자라고 할 수 있다. 아폴론이 낮을 밝히는 태양의 신인 데 반해 아르테미스는 밤을 밝히는 달의 여신이다. 또한 아폴론이 궁술의 신이기도 하듯이 아르테미스 또한 궁술과 수렵의 여신으로 몸에는 늘 활과 화살을 지니고 있다. 아르테미스는 동작이 매우 날렵하여 달빛 내리는 숲속을 종횡무진 달리며 산짐승들을 사냥하기도 하는 한편 그것들을 보호하기도 한다. 그런가 하면 제우스 신으로부터 영원한 처녀성을 부여받은 아르테미스 여신은 소녀들과 처녀들의 수호신이면서 한편으로는 임신과 출산의 수호신이기도 하다. 이렇듯 다양한 정체성 가운데 특히 생명을 수호하는 성격은 아주 오래전 인류 문명의 여명기에서부터 인류가 공통적으로 추앙해 온 대지모신(大地母神)의 성격과 일치한다. 그래서인지 아르테미스는 세계 여러 지역의 자연신들과 동일시되기도 하는데, 아나히타 여신 또한 생명을 관장하는 물의 여신이라는 점에서 대지모신의 일면을 지닌 아르테미스와 콤비를 이루는 데 큰 어색함은 없어 보인다.

확실히 파르티아 왕국에서 이루어졌던 신들의 융합은 전 세대인 셀레우코스 왕조나 박트리아 왕국에서 이루어졌던 것과는 사뭇 다른 성격을 띠고 있음을 알 수 있다. 이는 왕조의 지배세력이 그리스인으로부터 이란계의 파르티아인으로 바뀌었다는 점이 결정적인 요인으로 작용한 결과이다. 요컨대 파르티아는 더 이상 그리스의 식민지 왕국이 아니었다. 그러므로 파르티아 시대 동서양 신들의 융합은 셀레우코스 왕조에서 행해졌던 식민지 사업의 일환으로서가 아닌 보다 동등한 결연관계의 성격을 띠게 되는 것이다. 그런 의미에서 파르티아 시대 동서양 신들의 융합은 '조합'이나 '협업'의 의미가 강조된 이른바 '컨소시엄'의 성격을 띤 것이라 말할 수 있겠다. 그러나 다음 왕조인 쿠샨 왕조(30~375)에 이르면 상황은 크게 달라지는 양상을 보이게 된다.

동방 헬레니즘의 특성에 비추어 볼 때 쿠샨 왕조는 동방 헬레니즘 1기에 해당하는 셀레우코스 왕조와 박트리아 왕국, 그리고 동방 헬레니즘 2기에 해당하는 파르티아 왕국에 이은 동방 헬레니즘 3기에 해당한다. 이 시기 그리스 본토는 이미 로마 시대로 진입한 후였으며, 동방에서는 여전히 헬레니즘 양식이 유행하고 있었다. 특히 쿠샨 왕조에서 처음으로 만들어졌던 불상은 헬레니즘 조각의 직접적인 영향을 받은 만큼 쿠샨 왕조의 헬레니즘은 동방 헬레니즘의 역사에서 의미하는 바가 자못 크다 하겠다. 동방 헬레니즘 예술 속에 나타난 그리스 신들의 변신 과정을 시기별로 살펴보면 대부분 쿠샨 왕조에 이르러 가장 드라마틱한 변화를 보이고 있음을 알 수 있는데, 알렉산드로스의 동방원정 이후로 그리스 신들은 마침내 떠오르는 동방의 세력—불교와 조우하게 된 것이다.

4장

동방 헬레니즘 3기: 헬레니즘과 불교의 만남

셀레우코스 왕조로부터 독립한 파르티아 왕국이 나날이 강성해져 셀레우코스 왕조를 치고 서쪽으로 영토를 넓혀 간 반면 그리스 왕조가 지배했던 박트리아 왕국은 북방의 유목민족 대월지(大月氏)에 의해 기원전 2세기 중엽에 붕괴되고 말았다. 쿠샨 왕조는 바로 대월지의 다섯 부족 가운데 가장 강성했던 쿠샨족(貴霜族)이 세운 나라이다. 박트리아와 간다라 지역을 장악한 쿠샨족은 다시 인도 내륙의 갠지스강 유역까지 진출하여 인도 북부 전역을 차지했으며, 3대의 카니슈카왕(Kanishka, 2세기 중엽)에 이르면 인도 중부에 이르는 대제국을 수립하게 된다.

박트리아 왕국이 멸망하고 들어선 쿠샨 왕조는 대승불교[1]를

---

1   대승(Mahāyāna, 大乘)이란 여럿이 함께 탈 수 있는 '큰 수레'라는 뜻으로 불교가 개인의 해탈만을 목적으로 하지 않고 두루 중생들을 더불어 구제한다는 의미를 담고 있다. 한편 소승(Hīnayāna, 小乘)은 혼자 타는 '작은 수레'라는 의미로, 개인의 해탈을 목적으로 수행하는 부파불교(部派佛敎)에 대해 후일 대승불교도들에 의해 '중생구제는 아랑곳하지 않

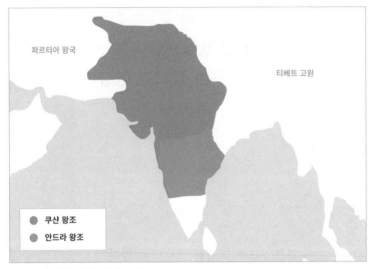

그림 1 카니슈카왕 시대의 쿠샨 왕조 지도

그림 2 카니슈카왕의 금화에 새겨진 불상

그림 3 간다라 불상

크게 부흥시킨 불교왕국으로 이 왕조에서 세계 최초로 불상이 만들어졌다. 간다라에서 발견된 최초의 불상은 카니슈카왕의 금화에 새겨진 것이었다. 이 금화의 앞면에는 카니슈카왕의 초상이 새겨지고, 뒷면에는 정수리에 육계(肉髻, 살 상투)가 있으며, 두광(頭光)과 전신광(全身光)의 광배(光背)를 지닌 전형적인 붓다의 형상이 묘사되어 있다. 이 금화가 더욱 눈길을 끄는 것은 불상 옆에 새겨진 그리스어 명칭 때문이다. 카니슈카왕은 열렬한 불교도였지만, 조로아스터교, 힌두교, 그리스 신화 등 다양한 종교와 문화에도 두루 관용적이었다. 불상뿐만 아니라 조로아스터교의 미트라 신, 힌두교의 시바 신, 나아가 그리스 신화 속의 바람 신에 이르기까지 당시 코인에 나타난 신상의 다양성이 이를 증명해 주고 있다.

간다라 vs 마투라

무엇보다도 헬레니즘 양식은 불상의 외형에 지대한 영향을 미쳤다. 불상의 탄생은 기원후 1세기 무렵 인도 서북단의 간다라(Gandhara) 지방과 인도 중북부의 마투라(Mathura) 지방에서 거의 비슷한 시기에 발생했는데[2] 간다라 불상과 마투라 불상은 동시대

고 자신의 해탈만을 목적으로 한다'는 폄하의 의미로 붙여진 명칭이다.

2 최근에는 간다라 지역에서 최초로 만들어졌다는 학설이 유력시되나 시간적 차이는 매우 근소한 것으로 알려져 있다.

그림 4 간다라 지역과 마투라 지역

의 것임에도 불구하고 양식상의 특징에 있어서 뚜렷한 차이를 보이고 있다. 먼저 간다라 불상의 외양적 특징을 살펴보면 한눈에도 마치 그리스·로마 시대의 신상을 보는 듯한 느낌에 사로잡히게 된다. 이는 간다라 지방이 지리적으로 인도 대륙의 서북 변경에 위치해 있어 예로부터 이민족의 침입이 잦았으며 특히 알렉산드로스의 동방원정 이후로 그리스 식민지를 중심으로 확산된 서방의 영향권 안에 있었기 때문이다. 따라서 간다라 불상은 헬레니즘의 영향을 받아 그리스 신상의 얼굴 생김새와 긴 곱슬머리, 그리스·로마풍의 통견식(通肩式, 천으로 두 어깨를 모두 감싸는 방식) 복장을 하고 있다. 조형 방식에 있어서도 전체적으로 사실적인 묘사가 돋보이는 간다라 불상은 그리스 미술의 이상인 '자연모

그림 5 그리스 신상 조각의 영향을 받은 간다라 불상

그림 6 그리스 신화 속 전쟁의 신 아레스상

그림 7 통견식 복장을 한 간다라 불상

그림 8 토가를 입은 로마인상

방'에 중점을 두어 제작되었다는 것을 알 수 있다.

반면 인도 내륙지방에 위치한 마투라 불상은 인도 고유의 특성을 보다 풍부하게 간직하고 있다.^{그림 9~12} 편단우견식(偏袒右肩式, 한쪽에만 가사를 걸쳐 오른쪽 어깨를 노출시킨 방식) 얇은 천의에 감싸인 풍성한 신체의 표현은 인도 전래의 신 약샤(yaksha)상에서 그 원형을 찾아 볼 수 있을 것이다. 얼굴 생김새 또한 입술이 두꺼운 인도 본토인의 모습을 하고 있으며 조형 방식은 사실성이 뛰어난 간다라 불상에 비해 훨씬 추상적이고 도식적으로 묘사되어 있다. 이는 인체의 사실성에 관심을 기울이기보다는 인체를 통해 정신적인 관념의 세계를 표현하려는 의도로 해석할 수 있으며, 이러한

그림 9 건장한 체구에 편단우견식 복장을 한 마투라 불상

그림 10 마투라 불상이 영향을 받은 약
샤상

그림 11 인도 본토인의 얼굴 모습을 한 마투라 불상

그림 12 깊은 명상에 잠긴 얼굴을 표현한 굽타 불상

마투라 불상 고유의 표현 기법은 뒤이어 탄생하는 굽타(Gupta) 왕조(320~550년경)의 불상에서 고도로 승화된 정신세계의 구현으로 발전하게 된다.

불교에 흡수된 인도의 전통 신들

쿠샨 왕조 시기 불교는 유례없이 막강한 힘으로 부상하고 있었으며 불교의 탄생지인 인도대륙은 물론 그 주변의 어느 지역도 용광로처럼 무서운 기세로 끓어오르는 불교의 세력으로부터 벗어날 수 없었다. 그러나 기본적으로 살생을 금했던 불교의 전파는 평화주의에 입각해서 이루어질 수밖에 없었다. 따라서 불교의 탄생지와 불교가 진출한 지역의 원종교나 신화를 배척함이 없이 모두 포용하였으며, 그 종교와 신화 속의 신들을 적극적으로 수용하는 유화정책을 펼쳤다. 인더스 문명의 토속신들 및 아리안족의 전통 종교인 브라만교의 신들은 물론, 이웃 페르시아의 신들과 동아시아의 신들처럼 이민족의 신들도 가리지 않고 받아들였다. 그중에는 당시 중앙아시아 지역에 유입되었던 그리스 신들도 다수 포함돼 있었다. 그러나 다른 민족과 종교의 신들은 국적과 지위고하를 막론하고 일단 불교 안으로 흡수되고 나면 대부분 본래의 지위에 비해 형편없이 낮은 위치로 강등되었다.

불교의 신들은 철저한 수직적 위계질서에 따라 배치되어 있다. 그 서열의 최상층은 물론 깨달음에 이른 붓다(佛陀)의 자리이

그림 13 석굴암 본존불상(석굴암, 붓다상)

그림 14 감산사 미륵보살상(국립중앙 박물관, 보살상)

그림 15 사천왕사 녹유신장상(국립중앙 박물관, 신장상)

며, 중간층은 붓다가 되기 위해 수행하는 '보살'(菩薩)[3]들의 차지가 되었다. 그리고 최하층에는 주로 붓다를 호위하고 불법을 수호하는 군신(軍神)들, 다시 말해 신장(神將)들이 배치되는데, 이 수호신장들은 그들 자체 내에서 다시 세 단계로 나뉘어 가장 높은 자리에는 범천(梵天)과 제석천(帝釋天)이, 그 아래는 사천왕(四天王)이, 그리고 가장 낮은 곳에는 팔부중(八部衆)이 각각 배치되어 마치 군대처럼 질서정연한 위계를 형성하고 있다. 신장의 서열에 있어서도 브라만교의 신들은 높은 자리가 주어졌지만 이민족의 신들이나 괴수들은 대부분 최하층인 팔부중이나 그 밖에 격이 낮은 수호신에 배치되었다. 인도의 전통신은 인더스 문명기의 토속신들로부터 힌두교와 브라만교의 신들에 이르기까지 매우 다양하다. 쿠샨왕조 시기 이들은 대거 불교에 흡수되어 불상의 위계질서 안에 편입되었다.

· **약샤와 약시**

초기 불교 유적에 속하는 산치(Sāncī) 대탑에는 가슴과 둔부와 생식기의 묘사가 적나라할 정도로 강조된 약시상이 탑문에 매달려

---

3   붓다(buddha, 佛陀)가 '깨달음을 얻은 자'라는 뜻인 데 반해 보살(菩薩)은 보리살타 (bodhisattva, 菩提薩埵)의 줄임말로 '깨달음을 구하는 자'라는 뜻을 담고 있다. 따라서 보살은 아직 붓다의 반열에 오르지 않은 예비 붓다를 뜻하며 위로는 진리를 구하고(上求菩提) 아래로는 중생을 구제하는(下化衆生) 임무를 띠고 있다. 원래는 붓다에 이르기 전 구도자로서의 석가모니를 지칭하는 용어로 쓰였으나, 대승불교에서는 석가모니보살 이외에 대중에 가장 널리 알려진 관세음보살을 비롯하여 미륵보살, 문수보살, 보현보살 등 다양한 보살이 등장하게 된다.

그림 16 인도 전통신 약시   그림 17 산치 대탑의 약시   그림 18 약샤

있다. 고대 농경사회에는 생산의 풍요를 담당하는 대지모신(大地母神)이 있게 마련이다. 인더스 문명 이래로 농경을 생산수단으로 삼아 온 인도 본토에도 일체의 생산 활동을 담당했던 토착세력들 사이에서 숭배되었던 오랜 전통의 대지모신이 있었다. 그로부터 약시(Yaksi 혹은 Yaksini)라는 풍요의 여신상이 탄생했다. 산치 대탑의 약시는 조형적으로는 인도 전통의 약시상을 그대로 가져다 쓰고 있지만 내용적으로는 더 이상 풍요의 여신이 아닌 붓다의 수하에 소속되어 죽은 이들을 명계로 인도하는 안내자의 임무를 부여받았다.

그 후로 불교의 역사가 거듭될수록 약시의 외모와 성격에도 변화가 더해져 종국에는 전혀 다른 신격으로 재탄생하기에 이른다. 약시의 짝인 약샤(Yaksa) 역시 불교에 유입되면서 다양한 신격으로 거듭났다. 원래 약샤는 인도 최고(最古)의 신화라 할 수 있는

그림 19 나찰　　　　　　　그림 20 쿠베라　　　　　　　그림 21 비사문천

『리그베다』에 등장하는 신이다. 『리그베다』의 창조신 브라흐마는
만물을 창조하던 시기에 잘못하여 무지(無知)라고 하는 실패작을
창조하고는 그것을 허공에 버렸다고 한다. 그러나 무지는 허공 중
에서 성장하여 '어둠'이 되었으며 그 안에서 굶주린 '어둠의 자식
들'이 탄생하게 되었다. 어둠의 자식들은 굶주림에 못 이겨 창조자
인 브라흐마를 잡아먹으려 덤벼들었다. 브라흐마는 이들을 설득
하여 순화시키려 했는데, 브라흐마에게 설득되어 순화된 무리들
은 약샤가 되었고, 끝까지 설득당하기를 거부했던 무리들은 피에
굶주린 악귀 나찰(羅刹)이 되었다.

　　약샤는 부를 보호하는 신으로 대체로 온화하지만 역시 어둠
의 자식인지라 거친 면모가 남아 있어 자신의 재보를 탐하는 자에
게는 가차 없이 응징을 가한다. 약샤의 우두머리 격은 쿠베라(Ku-
vera)라고 하여 특히 힌두교에서 재보신(財寶神)으로서 추앙되었

으며, 불교에서는 사천왕 가운데 북방 다문천(多聞天)에 해당하는 비사문천(毘沙門天)그림 21이 되어 불법을 수호하는 호법신의 임무를 띠게 되었다. 그 외의 약샤들은 팔부중의 하나인 야차(夜叉)가 되어 불상 서열의 가장 낮은 자리에 놓여졌다.

불교에서의 재보신은 따로 존재했는데 바로 판치카(Pañcika)와 하리티(Hārītī) 부부신이 그들이다. 여기서 판치카는 다름 아닌 약샤의 변신이며 하리티는 약시의 변신인 셈이다. 이들 쌍신(双神)은 인도 전통의 양성신(兩性神) 미투나(Mithuna)에 그 유래를 두기도 한다. 그러나 노골적인 성애를 바탕으로 생산과 우주합일을 상징했던 미투나상은 더 이상 불교에서는 용납되지 않았다. 그들은 부와 번영을 상징하는 보다 세속적인 재보신이 되어 인간들의 현세구복적인 원을 들어주는 임무를 띠게 되었다. 여기서 하리티는 힌두교에서는 아이를 잡아먹는 귀신이었다가 붓다에 귀의한 뒤 그간의 죄를 뉘우치고 아이들의 수호자가 되었다는 귀자모신(鬼子母神)에 해당하기도 한다. 이처럼 약샤와 약시는 원래 인더스 문명의 토속신에서 『리그베다』를 거쳐 힌두교 신화와 불교신화에 이르기까지 그 의미와 더불어 조형상의 이미지가 달라졌다.

• 제석천(帝釋天)과 범천(梵天)

붓다와 불법을 수호하고 악귀들로부터 사찰을 보호하는 임무를 부여받은 신장(神將)은 대개 인도 브라만교 전통 신화인 『베다』(Veda, 브라만교의 성전)의 신들이거나 보다 토속적인 힌두교의 신들로 구성되어 있다. 불교에서는 그중에서도 최고의 신격에 해당

그림 22 아이들에 둘러싸여 있는 판치카와 하리티

그림 23 노골적인 성애를 표현한 카주라호 힌두교 사원의 미투나상

그림 24 제석천

그림 25 간다라 불전도 중 석가모니의 탄생, 마야부인의 옆구리에서 탄생하는 아기를 제석천이 받고 있다. 범천은 오른쪽에서 마야부인을 부축하고 있다.

그림 26 범천과 제석천이 협시한 간다라의 석가모니 삼존불. 범천이 깨달음을 얻은 석가모니 붓다에게 설법을 청하고 있다(범천권청梵天勸請).

하는 인드라(Indra)와 브라흐마(Brāhma)를 수용하여 신장 중에서도 가장 높은 지위를 부여했다. 불교의 제석천은 고대 인도의 『베다』 신화에서 벼락을 신격화한 인드라 신이다. 인드라는 악마를 정복하고 모든 신을 주재하는 신들의 왕-최고신으로 그리스 신화의 제우스 신에 비견된다. 둘 다 천공을 다스리는 신이어서인지 인드라의 무기인 바즈라(vajra, 金剛杵)는 제우스가 사용하는 무기인 뇌정(雷霆)과 일치한다. 제우스가 같은 우라노스의 자손인 티탄족을 물리치고 올림포스 신들의 입지를 굳혔듯이 인드라 역시 본래 같은 신이었던 아수라들을 굴복시키고 마침내 그들을 악마로 전락시켰다. 또한 쾌락을 추구하고 여색을 탐하는 호색한이라는 점에서도 이 둘은 똑같이 닮아 있어 두 신화 사이의 영향 관계를 가늠해 보게 한다.

한편 범천의 전신은 『베다』 신화에서 우주의 근본 원리를 뜻하는 브라흐마였다. 이 추상적인 개념은 훗날 신격화되어 우주의 창조신으로 거듭났다. 범천 역시 『베다』의 최고신으로, 제석천과 함께 불교에 수용되어 큰 인기를 모았다. 쿠샨 왕조 시기 간다라 지방에서 크게 유행했던 불전도(佛傳圖, 탄생에서 열반까지 석가모니의 일대기를 묘사한 조형물)에는 제석천과 범천이 늘 한 쌍으로 등장하며 이 두 신격을 양 협시로 하는 불삼존상(佛三尊像)도 많이 만들어졌다.

동아시아의 불삼존상은 붓다의 좌우에 보살을 배치하는 것이 일반적이나 인도불교의 전성기라 할 수 있는 쿠샨 왕조와 굽타 왕조는 물론 불교 말기에 해당하는 팔라 왕조에 이르기까지 인도 불교에서는 제석천과 범천을 협시로 세운 불삼존상이 유행했다. 이러한 사실은 인도의 전통신들 가운데서도 제석천과 범천이 차지하는 비중이 얼마나 큰 것이었는지를 말해 주고 있다. 그러나 제석천과 범천이 인도 본토에서 누렸던 인기도 중앙아시아 실크로드를 거치는 동안 크게 떨어져 동아시아 삼국에 이르면 제석천과 범천이 양 협시를 한 불삼존상은 더 이상 만들어지지 않게 되었다.

아무래도 붓다의 수호신으로 변신함으로써 본래의 기운이 약해진 인도의 전통신들이 높은 히말라야산맥을 넘고 죽음의 타클라마칸사막을 건너 동아시아까지 진출키에는 무리가 따르지 않았을까…. 그러나 놀랍게도 제석천은 머나 먼 유라시아의 동쪽 끝에 자리한 한반도의 시조신화에서 발견되고 있다. 『삼국유사』(三國遺事) 「기이편」(紀異篇)에 수록된 단군신화에 의하면 단군(檀君)은 고조선(古朝鮮)을 세운 건국시조로 등장한다. 그리고 단군의 아버지는 천제(天帝) 환인(桓因)의 서자, 환웅(桓雄)이다. 그런데 단군의 할아버지가 되는 환인은 "환인위제석야"(桓因謂帝釋也)라고 쓰인 것으로 보아 환인이 곧 인도 불교신화 속의 제석천(帝釋天)이자 더 나아가 제석천의 전신이라 할 수 있는 『베다』 신화 속의 최고 신 인드라임을 알 수 있다.

제석천과 범천은 베다의 최고신들답게 신장의 우두머리로서 수미산(須彌山)[4]의 정상에 있는 도리천궁(忉利天宮)에 살며 아래로

---

4 수미산은 고대 인도의 『베다』 신화에 나오는 세계의 중심에 솟아 있다는 산이다. 수미산 정상에는 도리천궁이 있는데, 도리천(忉利天, Trāyastriṃśa)에서 '도리'는 산스크리트어로 33을 뜻하므로 도리천은 33천(三十三天)이라고도 한다. 이는 정방형의 수미산 정상 한가

그림 27 평창 상원사 제석천상   **그림 28** 인드라 신

는 사천왕(四天王)을 거느린다. 환인과 제석천을 동일시한 것은 제석천이 하늘궁전인 도리천궁에 살고 있다는 불교설화에서 비롯된 것으로 보인다. 환인과 제석천은 하늘의 제왕, 즉 '천제'(天帝)라는 점에서 동일하다. 그러므로 제석환인(帝釋桓因)의 탄생은 한민족 본래의 하늘숭배사상이 삼국시대 이후 이민족의 종교인 불교가 유입되면서 이루어진 전형적인 융합현상이라 할 수 있겠다. 이렇게 시조신과 결부된 제석천은 큰 힘을 얻어 삼국시대에는 독자적인 제석신앙이 열리고 불교가 흥왕했던 고려시대까지 오래도록 이어졌다. 특히 국가적 전란이 발생할 시 호국기원을 위한 제석

운데 제석천이 거주하는 천궁(天宮)인 선견성(善見城)이 있고, 사방으로 각각 여덟 신이 거주하는 천궁이 있어(4x8=32) 제석천과 함께 33천을 이루기 때문이다. 수미산은 훗날 불교에 유입되어 불교의 우주관으로 거듭났다.

도량(帝釋道場)이 열렸다 하니 먼 이국땅에서 온 외래신 제석천은 한민족 시조신의 할아버지이자 동시에 호국수호신으로서 오히려 본국에서보다 더 큰 환대를 받았음을 알 수 있다.

그렇다면 제석천과 동격으로 불교에 수용되었던 호법신 범천은 어찌 되었을까? 본래 하늘궁전에서 함께 기거하며 늘 쌍을 이뤄 붓다를 호위하고 불법을 수호하던 제석천과 범천에게도 중앙아시아를 거쳐 동아시아에 이르는 동안에 무슨 일이 생겼던 것일까? 무슨 까닭에 머나 먼 이국땅에서 유독 제석천만 선택되어 단독신앙으로 추앙받게 된 것일까? 이 궁금증을 해소하기 위해서는 잠시 이들의 탄생신화가 있는 『베다』와 『우파니샤드』(Upani-shad, 고대 인도의 종교철학서)의 내용을 살펴볼 필요가 있다. 범천은 본래 『베다』에서 추상적이고 비인격적인 우주의 근본원리였으나 『우파니샤드』에서 브라흐마의 우주창조설이 대두되면서 인격화된 창조신으로 거듭났다. 그 후 불교에 와서는 역시 우주 만물의 창조신이자 정신계를 지배하는 신격으로서 신앙의 대상이 됐다.

한편 제석천의 전신인 인드라는 브라흐마에 비해 한결 인간적인 면모가 강하게 부각되어 있다. 특히 가뭄으로 고통받는 인간들을 구제하기 위해 물을 가로챈 악룡 브리트라(Vritra)와 싸우는 신화는 인간 세상에 적극적으로 개입하는 무장전사로서 인드라 신의 면모를 잘 나타내 주고 있다. 그래서인지 인드라는 『베다』의 신들 중에서도 최고의 인기를 누렸는데, 『리그베다』(가장 오래된 『베다』) 전체의 1/4이 인드라 신에게 바쳐진 찬가였다는 사실만 보더라도 인드라의 인기가 어떠했는지 짐작하고도 남음이 있다. 이

그림 29 앙코르와트 사원에 부조된, 악룡(惡龍) 브리트라를 제압하는 인드라 신

그림 30 경주 석굴암의 범천(왼쪽)과 제석천(오른쪽)

처럼 인간에 대한 관심이 남달랐던 인드라 신은 불교에 흡수되어 제석천이 된 후로도 인간 세상에 대한 관심을 늦추지 않고 적극적으로 관여하였다고 하니 신의 가호와 은덕을 갈구하는 인간들로서는 자연히 정신성과 추상성이 강한 범천보다는 인간 세상을 가까이하는 제석천에게로 마음이 기울어졌을 것이다.

그렇다고 해도 제석천과 범천이 남남이 되어 갈라선 것은 아니며, 동아시아에서도 제석천과 범천이 한 쌍으로 등장하는 불화와 불상들, 그리고 무엇보다도 그들을 포함하여 사천왕과 팔부중이 함께 새겨진 석탑들이 많이 만들어졌다. 그 대표적인 예를 경주 토함산 석굴암에서 볼 수 있는데, 본존불(本尊佛) 뒤편으로 둥글게 에워싸듯 양각 부조된 보살 신장들 중에서 우리는 우아하고 기품 있는 제석천과 범천을 만나 볼 수 있다. 제석천은 그가 인드라 신이였을 때부터 지니고 있던 바즈라를, 범천 역시 본래의 지물(持物)인 정병(淨瓶)을 각각 들고 있는데, 그들은 여전히 한 쌍을 이루고 있으며 이렇게 말하고 있는 듯하다. "우리 사이 아직 괜찮아요."

· **사천왕(四天王)**

초기불교 경전인 『장아함경』을 보면, 세계의 중심에 솟아 있는 수미산 정상에는 제석천이 머무는 도리천궁이 있으며, 그 중간지대에는 사천왕이 머물며 사방사주(四方四洲, 동서남북+남쪽의 섬부주, 동쪽의 승신주, 서쪽의 우화주, 북쪽의 구로주)를 수호하고, 위로는 제석천과 범천을 섬기고 아래로는 팔부중을 거느린다고 설명되어 있다. 사천왕은 지국천(持國天), 광목천(廣目天), 증장천(增長

天), 다문천(多聞天)으로 각각 동서남북을 수호한다. 지국천은 '나라를 지키는 신, 광목천은 '세상을 넓게 살피는 눈을 가진 신', 증장천은 '만물을 생장하게 하는 신', 다문천은 '불법을 많이 듣는 신'이라는 의미를 지닌다. 사천왕은 제석천, 범천과 마찬가지로 인도의 오랜 전통신에 속하지만 제석천과 범천이 인도 아리아인들의 신앙인 『베다』에서 유래한 반면 사천왕은 불교 이전의 브라만교나 힌두교 문헌에 등장하는 방위신들과는 일치하지 않아 그 근원이 모호한 상태이다.

본래 다신교 국가인 인도에서는 예로부터 4방위(동서남북), 8방위(사방사주), 10방위(사방사주상하)를 지키는 수호신이 힌두교의 제 문헌에 등장하고 있으나, 불교의 사천왕은 쿠베라에 연원을 두고 있는 북방 다문천을 제외하고는 힌두교의 수호신들과 일치하는 바가 없다. 그래서인지 몰라도 인도에서는 북방계 이민족이 지배했던 쿠샨 왕조가 몰락하고 다시 아리아족에 의한 굽타 왕조가 수립되어 인도 전통 종교인 힌두교가 융성해지자 사천왕의 조상(彫像)이 그다지 성행하지 않게 되었다. 이는 아리아족의 전통신인 제석천과 범천이 불교 말기인 팔라 왕조(750~1162)까지 성행했던 것과 큰 대조를 보이는 현상이다. 오히려 사천왕의 신앙과 조상이 크게 발전한 것은 중국에서 '서역'(西域)[5]이라 칭하는 중앙아시아 타림분지에 이르러서이다.

---

5   서역은 현재 중국령 신장(新疆) 위구르 자치구에 해당되는 지역으로 옥문관과 양관에서 파미르고원 사이에 타원형으로 펼쳐져 있는 타림분지를 가리킨다. 동투르키스탄으로 불리는 이 지역은 예로부터 중원의 서쪽 끝에 위치해 있다 하여 서역이라 불렀다.

그림 31　인도식 터번을 두른 간다라의 사천왕상. 붓다의 양쪽에서 발우를 공양하고 있다.

　　이렇게 불교 전래의 북방루트인 중앙아시아를 거쳐 동아시아로 진출한 사천왕은 호국불교사상과 맞물려 제석천과 범천을 능가하는 큰 인기를 얻게 된다. 『금광명경』(金光明經)을 보면 국왕이 불교에 귀의하면 사천왕은 그 왕이 다스리는 국토의 모든 중생들을 보호하고 나라를 지켜 준다는 내용이 있다. 이러한 호국사상은 『금광명경』이 전해진 위진남북조 혼란기의 서역과 중국에서 크게 환영받았으며 사천왕 신앙과 더불어 조형 활동 또한 크게 성행했다. 이처럼 호국사상과 결합된 동아시아의 사천왕은 터번을 두르고 전통 의상을 입은 인도의 사천왕과 달리 갑옷으로 무장한 장수의 모습으로 표현되며 각각 다른 지물(持物)을 들고 있어 지물

그림 32 무기를 들고 장수 복장을 한 동아시아의 사천왕상(일본 도다이지
東大寺)

의 차이로 구분할 수 있다. 동방 지국천은 비파를, 서방 광목천은 칼을, 남방 증장천은 용과 여의주를, 그리고 북방 다문천은 탑을 들고 있다. 중국, 한국, 일본의 동아시아 삼국에서는 이러한 사천왕의 형상이 정형화되어 오늘날까지 계속 이어져 오고 있다.

• 팔부중(八部衆)

수미산 정상에 있는 도리천궁에는 제석천과 범천이 머물고, 수미산 중턱의 사방은 사천왕이 지키고 있다면 수미산의 제일 낮은 곳은 팔부중이 차지하고 있다. 신장 중에서도 가장 서열이 낮은 팔부중은 대부분 인도 고대 신화 속에 등장하는 격이 낮은 신들로 구성되어 있으며 역시 불교에 흡수되어 불법과 사찰 수호의 한 부분을 맡고 있다. 팔부중의 구성은 천(天), 용(龍), 야차(夜叉), 건달바(乾達婆), 아수라(阿修羅), 가루라(迦樓羅), 긴나라(緊那羅), 마후라가(摩睺羅伽)로 이루어져 있다. 천은 인도어로 데바(Deva)라고 하며 특정 신이 아닌 천상계의 선신(善神) 전체를 의미한다. 이와 반대로 아수라는 악신의 무리에 해당한다. 그 외에 용, 야차, 건달바, 가루라, 긴나라, 마후라가는 고대 인도신화 속 정령이거나 뱀, 반인반수(半人半獸) 또는 반인반조(半人半鳥)의 괴물들이다.

특이한 것은 아수라가 다름 아닌 페르시아 신화 속 최고의 선신에 해당하는 아후라 마즈다 신이라는 것이다. 원래 인도 이란족의 공통 신화인 『리그베다』에서는 아수라가 선악의 구분이 없는 신이었다. 『리그베다』에 등장하는 바루나(Varuna)가 바로 아수라의 전신인데, 인도 이란족이 갈리면서 페르시아의 조로아스터교

그림 33 다면다비의 아수라(군위 지보사 삼 **그림 34** 조로아스터교의 최고 선신 아후라 마즈다
층석탑)

에서 아수라는 최고의 선신 아후라 마즈다가 되고, 인도 전통의 힌두교 신화에서는 악신으로 자리매김되었다. 그 후 아수라는 불교에 흡수되어 붓다의 권속인 팔부중의 하나가 되었으며 우리에게 잘 알려진 다면다비(多面多臂)의 아수라상은 인도 불교 말기에 해당하는 밀교(密敎)에서 힌두교의 영향으로 나타난 것이다.

아후라 마즈다의 입장에서 보자면 불교의 권속이 된 아수라가 썩 유쾌할 리 없었는데, 오랜 역사와 전통을 지니고 한때 어느 나라도 넘볼 수 없는 광대한 영토와 막강한 국력으로 유라시아 대륙을 주름잡던 페르시아의 최고신이 불교에서는 한낱 수호신장, 그중에서도 가장 격이 낮은 팔부중의 하나로 전락하고 말았기 때문이다. 이런 경우 전락이 아닌 몰락이라 표현해야 마땅할 지경인데, 그리스 신들의 위상 또한 아후라 마즈다 신보다 별반 나을 게 없었다. 그리스 신화 속 최고의 신 제우스를 비롯해서 아프로디테,

헤르메스, 헤라클레스 등 내로라할 신격들이 줄줄이 붓다의 호위병이 되거나 협시가 되었으며, 트리톤이나 켄타우로스 같은 격이 낮은 괴수들은 더욱 보잘것없는 지위를 부여받아 불탑을 지키는 무덤지기가 되어 있었다. 이처럼 쿠샨 왕조 시대 간다라 지방에서는 다수의 그리스 신들이 동방원정 이래로 가장 쓰라린 오욕의 시간을 견디고 있었다.

불교에 흡수된 그리스 신들

• 관능에서 풍요로: 약시를 만난 아프로디테

우리는 다른 수많은 그리스 신들과 마찬가지로 아프로디테 역시 알렉산드로스를 따라 동방원정 길에 올랐다는 사실에 대해 잘 알고 있다. 알렉산드로스가 정복했던 동방의 여러 지역에서 가장 큰 인기를 얻었던 신으로 영웅신 헤라클레스를 꼽는 데 있어서는 반론의 여지가 없을 것이다. 한편으로 그리스 여신들 가운데서 가장 사랑받았던 신을 꼽으라고 한다면 단연 아프로디테일 것이다. 그리스에서부터 페르시아를 거쳐 간다라에 이르기까지 알렉산드로스의 동방원정로 곳곳에서 발견되는 아프로디테의 조각상만 보더라도 우리는 동방에서 누렸던 그녀의 인기가 어떠했는지를 가히 짐작하고도 남음이 있다.

특히 헬레니즘 시대 이후로 페르시아와 중앙아시아 전역에서 만들어진 아프로디테상은 그곳의 토속신과 융합되어 새로운 성격과 이미지로 거듭나기도 했다. 그중에서도 가장 주목할 만한 것은 중앙아시아의 간다라 지역에서 인도의 토속신 약시와 결합하여 풍요의 여신으로 탈바꿈한 경우라 하겠다.

그러고 보면 그리스 신화에서는 딱히 풍요의 여신이라 불릴 만한 신격은 찾아보기 어렵다. 이는 환경적으로 농업이 발달할 수 없었던 그리스 사회의 특성에 기인한다 하겠는데, 그렇다고 해서 그리스에 농업을 관장하는 신이 없었던 것은 아니다. 데메테르가 바로 그에 해당하는 여신이다. 데메테르는 티탄족인 크로노스와 레아 사이에서 태어났으며, 식물을 생육시키고 농사를 주관하는 대지의 여신으로 풍요를 상징하기도 한다. 그리스에서 만들어진 데메테르의 상을 보면 그녀가 온갖 곡식을 자라게 하는 대지의 어머니임을 상징하듯이 곡물이삭의 관(冠)을 쓰고 손에는 보리이삭을 든 모습으로 묘사되는 경우가 많다. 때로는 풍요를 상징하듯 꽃과 열매가 수북이 담긴 풍요의 뿔 코르누코피아를 든 모습으로 표현되기도 한다.

그러나 데메테르상이 우리가 익히 알고 있는 풍요의 여신상과 다소 거리가 멀게 느껴지는 것은, 풍요의 여신으로서 원조격이라 할 수 있는 구석기 시대 「빌렌도르프의 비너스」를 비롯해서 일반적인 풍요의 여신상에서 나타나는 신체적 특징이 그다지 강조되어 있지 않기 때문이다. 데메테르 여신상은 풍요를 상징하지만 관능적이기보다는 온화하고 자애로운 어머니의 이미지에 근접해 있다. 이는 데메테르상이 처음으로 만들어졌던 고대 그리스 사회에서는 여성성이 강조된 풍만한 신체가 특별히 생산과 양육을 상

그림 35 코르누코피아를 든 데메테르
여신

그림 36 보리이삭을 들고 있는 데메테르 여신

징하지 않았음을 시사해 준다 하겠는데, 데메테르보다는 성적 쾌락과 연계된 미와 사랑의 여신 아프로디테상에서 신체미가 강조되고 있다는 사실은 매우 의미심장하다.

그리스 신화를 통해서도 알 수 있듯이 인간적인 면모를 다분히 지닌 그리스의 신들은 실로 다양한 개성과 능력으로 근동의 어느 지역보다도 다채롭고 풍부한 신화의 세계를 수놓았다. 이처럼 그리스의 인간중심적 사고가 낳은 신화 속에서 여성의 관능미는 종교나 주술적 성격으로 윤색됨이 없는, 다시 말해 성이 생산과 연관되지 않은 원초적 쾌락의 의미로 자리매김될 수 있었다. 말하자면 아프로디테는 고대 그리스의 인간중심주의가 낳은 쾌락적 성격의 여신이었다. 그리스의 수많은 남신들과 남성들이 그녀의 관능미에 빠져들었으며 그녀 역시 거리낌 없이 관능미를 발산하고 성적 환희를 만끽했다.

그러나 아프로디테를 수용한 동방의 땅은 그녀를 더 이상 관능의 화신으로 내버려 두지 않았다. 남편 헤파이스토스와 정부 아레스를 고향에 남겨 두고 어린 에로스만을 동반한 채 알렉산드로스를 따라 원정길에 올랐던 아프로디테는 그 후로 동방의 어떤 남자도, 남신도 유혹할 수 없었으며 두 번 다시 성적 쾌락을 향유하지 못했다. 그녀가 원했든 원치 않았든 간에 그녀가 안착한 미지의 땅에는 전혀 예기치 못했던 운명이 그녀를 기다리고 있었다. 어쩌면 아프로디테의 운명이 바뀌게 된 가장 큰 원인은 그녀의 아들 에로스에게 있었던 것인지도 모른다. 에로스가 황금화살을 쏘아 목표물에 적중했을 때 사랑이 성립되는데, 에로스 역시 불교에 흡수되자마자 화살통을 압수당하고, 사랑의 중계 역할 대신 죽은 이들을 명계로 인도하는 새로운 임무를 부여받았기 때문이다.

쿠샨 왕조 시기 아프로디테가 접속한 것은 얼핏 보기에도 그녀와 외모가 흡사한 약시였다. 가슴과 둔부가 터질 듯 풍만하게 발달된 약시의 나신은 아프로디테를 능가할 만큼 관능적이지만 그러한 관능미가 온전히 성적 쾌락을 위한 것이 아닌 생산의 풍요를 상징한다는 데에 아프로디테 여신과의 차이점이 있다. 사실 성과 생산은 결코 분리될 수 없는 자연계의 법칙으로 단지 어느 쪽에 무게중심을 두느냐에 따라 의미상의 차이가 발생할 뿐이다. 따라서 똑같이 풍만하고 관능적인 두 여신들이지만 각자 소속된 사회의

그림 37 아프로디테   그림 38 약시와 결합하여 풍요의 여   그림 39 약시
신이 된 쿠샨 왕조의 아프로디테

요구에 의해 아프로디테는 미와 관능의 여신으로, 약시는 풍요를
관장하는 생산의 여신으로 각각 자리매김된 것이다.

풍요의 여신 약시에게도 짝이 없는 것은 아니다. 역시 인더스
문명 이래로 나무와 광물의 신이며 부와 풍요를 가져다주는 남성
신 약샤(Yaksa)가 바로 약시의 짝이다. 이들은 다정한 부부의 모습
처럼 쌍을 이루어 등장하기도 하는데, 가벼운 신체 접촉에서부터
성적 결합에 이르기까지 생산과 종교적 합일을 상징하는 미투나
(Mituna)상이 만들어지기도 했다. 그러나 중요한 것은 이 상들이
의미하는 바가 단순한 성적 환희와 쾌락을 강조하는 것이 아니며
설사 성희를 나타낸다 하더라도 그것은 어디까지나 종교적 차원
으로 흡수되어 범우주적 합일이라고 하는 성스러움으로 각색된

그림 40 약샤와 약시가 한 쌍을 이룬 미투나상(인도 카주라호의 힌두교 사원)

그림 41 아도니스와 사랑에 빠진 아프로디테(티치아노 作, 프라도 미술관)

쾌락이라는 것이다. 한마디로 그리스의 여신 아프로디테의 관능미에 인간적 쾌락주의가 담겨 있다면 인도의 토속신 약시의 관능미는 다분히 종교적이라 하겠다.

이렇듯 알렉산드로스의 동방원정로를 따라 동진(東進)했던 아프로디테는 중앙아시아 간다라 지방에서 그와 반대로 인도 중부지방으로부터 서진(西進)해 온 약시와 만나 하나가 되었다. 그렇게 멀고 먼 지중해의 그리스 땅에서 온 이국의 여신은 인도대륙의 토속신과 결합하여 본래의 정체성을 벗어 버리고 풍요의 여신으로 거듭났던 것이다. 그때는 흥왕했던 불교왕국 쿠샨 왕조의 시기였으며, 당시 중앙아시아 간다라 지방은 쿠샨 왕조의 지배하에 있었다. 그곳에선 약시건 아프로디테건 꼴뚜기건 할 것 없이 일단 블랙홀처럼 강렬한 흡인력을 지닌 불교에 흡수되고 나면 예외 없이 그 종교적 요구에 의해 성질과 역할이 달라졌다. 이미 오래전에 인더스 문명의 토속신이었던 약시는 불교에 흡수되어 터질 듯 풍만한 몸을 한 채 망자를 명계로 인도하는 불교의 권속으로 거듭나 있었다. 그렇다면 아프로디테는 어떤가? 그녀 역시 불교라고 하는 뜨거운 용광로 안에서 용해되어 본래의 정체성을 상실하고 말았다. 그러나 그녀가 불교에 흡수되어 붓다의 권속이 되었을 때는 이미 약시와 결합이 되어 풍요의 여신으로 거듭난 뒤가 된다. 그렇게 문화 간의 접속이 중첩될수록 신들의 정체성 또한 혼잡해져 갔다.

· **바즈라파니가 된 그리스 신들**

풍요의 여신이 된 아프로디테를 다시 만나게 된 것은 간다라 지

그림 42 아프로디테와 헤라클레스를 협시로 한 아프가니
스탄 핫다의 삼존불상

방의 한 불교 사원이었다. 그곳에서 그녀는 놀랍게도 붓다의 시
중을 드는 협시(脇侍)가 되어 있었다. 지금은 전쟁으로 유실되었
지만 아프가니스탄 핫다의 사원지에 있던 삼존불(三尊佛)의 양 협
시 가운데 하나는 누가 보아도 명백한 아프로디테 바로 그녀였
다. 헬레니즘 조각의 원형에 가깝게 재현된 그녀의 형상은 탐스
러운 과일열매를 들고 있어 산치 대탑 탑문에 조형되어 있는 풍
요의 여신 약시를 연상케 한다. 그녀가 약시와 결합된 이상 아프
로디테의 정체성 역시 본래 지니고 있던 애욕과 관능미에서 벗어
나 있음은 물론이겠지만, 약시 또한 불교에 흡수된 뒤로는 풍요
의 여신이라는 본업 대신 죽은 이들을 명계로 인도하는 새로운
임무를 부여받았으므로 아프로디테 역시 같은 임무를 띠게 되었
음을 짐작게 한다.

　그리고 더욱 놀라운 것은 붓다의 다른 한편에 헤라클레스가

그림 43 바즈라　　　그림 44 바즈라를 손에 든 인드라　　　그림 45 뇌정을 손에 든 제우스

있었다는 것이다. 우리는 파르티아 왕국에서 조로아스터교의 전승신 베레트라그나와 결합하여 파르티아의 전승신이 된 헤라클레스를 기억하고 있다. 그 역시 쿠샨 왕조에 이르러 불교가 피워 놓은 용광로의 불길을 피해 가지 못했다. 그렇게 예외 없이 용광로 속에 녹아들어 새로이 거듭난 헤라클레스의 정체는 다름 아닌 바즈라파니(vajrapani, 執金剛神)였다. 바즈라파니는 바즈라(vajra), 즉 금강저(金剛杵)를 손에 든 자라는 뜻으로 붓다의 수호신 가운데 하나이다. 바즈라는 벼락 또는 번개를 상징하는 지물로 본래 그리스의 최고신 제우스가 무기로 사용하는 뇌정(雷霆)이 인도 신화 속 인드라의 무기 바즈라에 조형상의 영향을 준 것으로 전해지고 있는데, 어느 쪽이 영향을 주었건 간에 바즈라가 불교에 전래되어서는 금강저를 손에 쥔 집금강신-바즈라파니를 탄생시켰다.

　　아프가니스탄 핫다의 사원지에서 발견된 집금강신은 근육질의 건장한 체구에 곱슬머리와 얼굴 전체를 에워싼 수염이 한눈에 헤라클레스상임을 알 수 있다. 그의 왼쪽 어깨 위에는 네메아의 숲에서 맨손으로 때려잡았던 사자가죽의 머리 부분이 걸쳐 있었지만 오른손에는 헤라클레스 본래의 지물인 올리브 나무로 만든 몽둥이 대신 금강저가 들려 있다. 그리스 신화에서 중요한 위치를 차지하고 있을 뿐 아니라 어느 신들보다도 많은 사랑을 받았던 아프로디테와 헤라클레스는 동방원정 이후 수백 년의 세월이 흐른 뒤, 그것도 머나먼 이국땅에서 어이없게도 이방신의 시종이 되어 재회했다. 그렇게 아프로디테와 헤라클레스는 만족스러운 듯 흐뭇한 미소를 짓고 있는 붓다의 양 옆에 나란히 배치되었다. 그러나 이들 두 그리스 신은 서로의 모습이 차마 보기 민망하다는 듯 헤라클레스는 우울한 표정으로 시선을 아래로 떨어뜨리고 있으며, 아프로디테는 얼굴을 한껏 위로 올린 채 서로를 외면하고 있다.^{그림 42}

헤라클레스뿐만이 아니라 간다라를 비롯한 중앙아시아 지역에서는 여러 종류의 신들로 이루어진 다양한 집금강신이 만들어졌다. 사실 바즈라파니는 특정의 신을 지칭함이 아닌 바즈라, 즉 금강저를 들고 있는 모든 자들을 통틀어 부르는 명칭이다. 그들 중에는 제우스, 헤르메스, 디오니소스, 사티로스 등 우리에게 잘 알려져 있는 그리스 신화 속 주인공들이 발견되어 눈길을 모은다.

헤라클레스와 제우스는 동방의 헬레니즘 초기부터 같이해왔던 신들이므로 이미 우리에게 익숙해져 있지만 헤르메스, 디오니소스, 사티로스는 그동안 어디를 어떻게 경유해서 여기까지 왔

그림 46 바즈라파니가 된 그리스 신들. 왼쪽부터 제우스, 디오니소스, 헤르메스, 사티로스[6]

는지 알 수 없는 일이다. 그중 헤르메스는 셀레우코스 시대 아이하눔에서 잠시 얼굴을 내비치고는 홀연 자취를 감추었다가 수백 년의 세월이 흐른 뒤 쿠샨 왕조 간다라 지방에서 문득 모습을 드러냈다. 그나마 디오니소스와 사티로스의 이동경로에 대해서는 자세히 알려진 바가 없다. 옛 페르시아 땅인 중앙아시아 어디쯤에선가 은쟁반에 새겨진 디오니소스상이 발견되기는 했으나 그 후로는 행방이 묘연한 상태이다. 어찌되었든 이들이 모두 바즈라파니가 되어 간다라 지방에서 합류한 사실로 보아 이들 역시 알렉산드로스의 동방원정에 동참했다는 사실에는 의심의 여지가 없다.

---

6 이주형, 『간다라 미술』, 사계절, 2003, 246쪽.

헤르메스는 제우스의 아들이지만 그의 모계는 이른바 거인족으로 불리는 티탄(Titan)족이다. 여기서 잠시 그리스 신들의 족보를 따져 보자면 티탄족은 천공의 신 우라노스와 대지의 여신 가이아의 직계 후손들로서 우라노스의 아들인 크로노스를 시조신으로 하는 올림포스의 신들보다 항렬이 높은 신들이다. 그러나 티탄족은 제우스가 이끄는 올림포스 신들과의 전쟁에서 패한 뒤로 권세를 잃고 지하세계에 감금당하고 말았다.

그런 힘의 논리가 작동한 결과 승자인 올림포스의 신들은 그리스 신화의 주역으로 부상하게 되었던 반면 패자인 티탄족은 지하세계에서 살아가는 어둠의 신들로서 은연중에 악신의 이미지로 자리 잡게 되었던 것이다. 여하튼 헤르메스는 올림포스 신들의 왕 제우스와 티탄족인 아틀라스의 딸 마이아의 사이에서 태어났다. 그는 지혜와 손재주가 뛰어난 만능 재간꾼으로 음악, 문자, 숫자, 목축, 상업, 웅변, 체육, 발명의 신이며 그 밖에도 여행자의 수호신이자 신들의 전령(傳令, messenger)이고, 죽은 자들을 명계로 인도하는 저승사자이기도 하다. 그런가 하면 심지어는 도둑과 사기꾼의 수호신이기도 한데, 이처럼 헤르메스가 선악을 초월한 중립적인 특성을 보이고 있는 것은 그의 몸속에 신족과 거인족의 피가 섞여 흐르고 있기 때문은 아닐까…. 헤르메스는 외형 또한 매우 독특해서 작은 날개가 달린 모자와 신발을 착용하고, 손에는 전령의 지팡이 케리케이온을 들고 있다. 그렇게 헤르메스는 모자와 신발에 달린 날개로 이승과 저승을 눈 깜짝할 사이에 오가며 죽은 자들을 명계로 인도하기도 하고 신들의 메시지를 전달하기도 했다.

그림 47 제우스 신전에 부조된 신족과 거인족의 전쟁

그림 48 날개 달린 신발을 신고, 손에 전령의 지팡이 케리케 이온을 든 헤르메스상

그림 49 아이하눔에서 출토된 헤르메스상

그림 50　디오니소스(중간)와 사티로스(왼쪽)가 새겨진 로마 시대 석관 부조

그림 51　중앙아시아 출토 은쟁반에 새겨진 디오니소스

그림 52 여인에게 치근대는 사티로스   그림 53 술에 취한 디오니소스

　　그리스 본토에서 발견된 헤르메스상들은 주로 젊은 청년의
모습을 하고 있으나 어찌된 영문인지 아이하눔에서는 소크라테
스를 연상케 하는 노인의 형상으로 나타나기도 했다. 이렇게 정체
성이 모호한 헤르메스를 불교에서 수용한 것도 의외였지만 그보
다 더욱 의아한 것은 술의 신 디오니소스와 그의 종자(從者) 사티
로스가 불교에 흡수되어 바즈라파니로 거듭났다는 것이다. 올림
포스의 12신 가운데 하나인 디오니소스는 술의 신이자 광기의 신
으로 잘 알려져 있다. 술을 마시면 이성이 흐려지고 광기가 발동
하게 되니 이 두 조합이 과히 이상할 바 없겠으나, 세속적 번뇌에
서 벗어나 해탈과 열반을 추구하는 불교에서 술과 광기의 신을 받
아들였다는 것은 좀처럼 납득이 가지 않는다. 더구나 그리스 신화
에는 디오니소스의 종자 사티로스가 상반신은 사람, 하반신은 염
소의 형상을 한 반인반수(半人半獸)의 괴물로 묘사되기도 하는데,
사티로스는 늘 술에 취해 여신이건 님프(Nymph, 요정)건 여인이건

가리지 않고 치근대는 호색한이다. 이로써 대승불교에서 취했던 수용정책이 타민족의 주요 신들뿐만 아니라 미천하고 추악한 괴수들에 이르기까지 차별 없이 적용되었다는 것을 알 수 있다.

• 불탑 기단부에 장식된 그리스 신화 속 괴수들

우리는 앞서 불교에 흡수된 신들 중에서 인도의 전통신들을 제외한 외래신이나 괴수들이 신장 서열 중에서도 가장 낮은 팔부중이나 그에 준하는 수호신급에 배치되어 있음을 알 수 있었다. 그리스 신들도 예외는 아니어서 일제히 붓다의 수호신이나 협시로 전락한 사실 또한 확인할 수 있었다. 그리스 신들뿐만 아니라 반인반어의 트리톤, 반인반마의 켄타우로스 등 그리스 신화 속의 괴수들도 대거 불교에 흡수되었는데 이들의 위상은 더 보잘것없는 것이어서 주로 사원과 불탑의 기단부(基壇部)에 장식으로 새겨졌다.

　　그리스 신화를 통해 우리에게 잘 알려진 켄타우로스는 상반신은 사람이고 하반신은 말의 형상을 한 괴수족이다. 전설에 의하면 제우스의 아내 헤라에게 흑심을 품은 라피테스족의 왕 익시온과 이를 알아챈 제우스의 술수에 의해 헤라의 형상으로 변신한 구름의 교접으로 태어난 것이 켄타우로스라고 한다. 그는 제 아비를 닮아서인지 본능적 욕구가 매우 강한 데다 성질도 거칠고 난폭하여 싸움과 추행을 일삼았는데, 그로 인해 영웅 테세우스에게 쫓기는가 하면 결혼식장에 떼거리로 난입하여 여인들을 납치하는 추태를 부리다가 헤라클레스에게 잡혀 죽임을 당하기도 했다. 이렇

그림 54 간다라 사원 불탑 기단부에 새겨진 괴수. 그리스 신화 속 포세이돈의 아들 트리톤과 반인반마의 켄타우로스가 결합된 형상을 하고 있으며, 다리 부분에는 페르시아 유익상의 영향으로 보이는 날개가 달려 있다.

그림 55 뿔 고둥을 부는 트리톤

그림 56 여인을 납치하는 켄타우로스

그림 57 헤라클레스에게 죽임을 당하는 켄타우로스

듯 추악한 켄타우로스 중에도 예외는 있었으니 케이론이라는 켄타우로스는 지혜가 뛰어나고 의술, 음악, 수렵, 예언에 능통하였으며 성품 또한 고결하여 헤라클레스를 비롯한 그리스 신화 속 대부분의 영웅들이 케이론을 스승으로 모셨다고 한다. 그의 지혜와 덕을 높이 산 까닭이었을까? 서양의 점성술에 등장하는 12성좌 중 9번째에 해당하는 사수자리의 주인이 바로 케이론이다.

간다라 불탑에서 발견된 또 하나의 괴수 트리톤(Triton)은 바다의 신 포세이돈의 자식으로 상반신은 사람의 모습에 하반신은 물고기의 형상을 한 반인반어(半人半魚)의 괴물이다. 포세이돈은 제우스만큼이나 많은 여성들과 관계를 맺고 그 사이에서 여러 명의 자식들을 두었는데 그 자식들 중에는 외눈박이 폴리페우스나 천마 페가수스와 같은 괴수들이 많았다. 그 괴물 자식들 중 하나인 트리톤은 바다 속 황금궁전에서 아버지 포세이돈과 함께 살며 소라고둥을 불어 거친 파도를 잠재우곤 했다. 그렇게 늘 포세이돈을 그림자처럼 따라다니던 트리톤이 동방의 어느 지역에선가 아버지와 떨어진 채 홀로 간다라 지방까지 흘러들어 와 불탑 기단부에 자리를 틀었다.^{그림 54} 그 와중에 켄타우로스와 결합하여 한 몸이 된 사연에 대해서는 알 길이 없다. 한편 옛 페르시아 땅에서 만난 포세이돈은 박트리아 왕국의 코인 속에서 한 손에는 삼지창을 다른 한 손에는 리본이 달린 대추야자를 들고 있었다. 그 후로 우리는 두 번 다시 포세이돈을 볼 수 없었다. 그는 어디로 간 것일까?

불탑 장식 중에서도 특히 눈길을 끄는 것은 티탄족의 거인 아틀라스가 불탑의 기단부에 새겨져 불탑을 떠받치고 있는 형상이

그림 58 나보나 광장 모로 분수대의 포세이돈과 트리톤상

다. 이는 신들과의 전쟁에서 패하여 신들이 내린 벌로 어깨에 천공을 지고 있는 아틀라스상이 이 시기 간다라 지방에까지 전해졌음을 말해 주고 있다. 바즈라파니 가운데 제우스와 아틀라스의 딸 마이아 사이에서 태어난 헤르메스가 있었으므로 여기서 다시 족보를 들춰 보면 아틀라스는 헤르메스에게 외조부가 됨을 알 수 있다. 그런데 단지 패배한 티탄족이라는 이유로 모진 형벌을 받고 있던 아틀라스는 알렉산드로스의 동방원정 소식을 전해 듣고 거추장스러운 짐을 벗어던질 절호의 기회라고 쾌재를 불렀을지도 모른다. 그러나 한편으로 입장을 바꿔 생각해 보면 어깨와 두 팔로 천공을 떠받들고 있는 아틀라스의 형상은 불탑 경배 의식이 있는 불교에서 더할 나위 없이 적절한 모티브로 여겨졌을 것이다. 어쩌면 불교도들이 아틀라스를 보는 순간 "바로 저거야!" 하고 무릎을 쳤을지도 모를 일이다.

그리스의 신속(神屬)들을 자신의 수하에 둔 붓다와 쿠샨 왕조의 불교도들은 흡족했을지 모르지만 정작 그리스 신들로서는 심기가 불편하지 않을 수 없었는데, 슬쩍 그들의 신세타령을 엿들어

그림 59 간다라의 사원에서 불탑을 지고 있는 아틀라스의 여러 모습

그림 60 간다라 사원의 불탑을 지고 있는 아틀라스

그림 61 천공을 지고 있는 아틀라스 도자기 그림. 옆에는 같은 티탄족이자 형제인 프로메테우스가 벌로 독수리에게 간을 쪼아 먹히는 모습이 그려져 있다.

그림 62 천공을 지고 있는 아틀라스

보니 처량하기 그지없다.

제우스	아! 이 무슨 망신이람. 왕년에 세상을 호령하던 신들의 왕인 내가 남의 나라 신의 종노릇이나 하고 있다니 이거 낯 뜨거워서 어디 살겠나! 내 깃털 달린 우아한 뇌정은 어디 가고 이 우악스러운 몽둥이는 또 뭐람.
헤르메스	그때 아버지를 따라오지 말았어야 했어요. 아, 고향이 그립다. 내 날개 달린 샌들만 있어도 단숨에 고향으로 날아갈 수 있을 텐데….
헤라클레스	그나마 파르티아에서는 본토 신들과 동등하게 컨소시엄이라도 맺었었는데…. 아! 우리의 위상이 갈수록 내리막길이구나.
디오니소스	우리가 알렉산드로스한테 속았어. 영토를 넓혀 준다고 해서 따라왔는데 이 무슨 꼴이람. 이젠 좋아하는 술도 못 마시고….
아프로디테	이렇게 사느니 차라리 고향에서 못난 헤파이스토스를 지아비로 섬기고 사는 편이 훨씬 낫겠어요.
아틀라스	그래도 당신들은 나보다 낫소. 내 꼴을 좀 보시오. 이리로 오면 자유를 누릴 줄 알고 얼씨구나 따라 왔건만 이번에는 남의 무덤(불탑)을 지고 있는 신세라니, 아이고, 내 팔자야!

이렇게 한목소리로 그들을 동방으로 이끈 알렉산드로스를 원망하고 있는데 여기서 우리는 동방원정에 동참한 신들의 임무가 그리스 문명을 동방에 전파하고 그리스 문화를 동방 각지에 이식하는 과업을 수행하기 위한 것이었음을 환기할 필요가 있다. 그런데 쿠샨 왕조에서는 그리스 문화를 꽃피우기는커녕 오히려 타종교에 흡수되어 정체성이 변한 것은 물론 그 위신이 한없이 추락해 땅에 떨어진 꼴이 되고 말았으니 신세 한탄이 절로 나오지 않을 수 없을 것이다. 그러나 쿠샨 왕조의 입장에서는 그리스 신들이 불교에 흡수되어 불상의 다양성에 크게 일조한 점이 자못 뿌듯했을 터, 어찌 되었건 시간은 흘러 막강한 국력의 비호 아래 불교문화가 눈부시게 번성했던 쿠샨 왕조에도 하강기가 도래했다.

　　인류 역사상 최초로 불상을 탄생시킨 쿠샨 왕조는 카니슈카 왕의 시대를 정점으로 서서히 내리막길에 접어들어 4세기 무렵 갠지스강 유역의 마가다 지방을 중심으로 새로이 등장한 굽타 왕조의 지배하에 들어가게 된다. 본래 중앙아시아 초원지대의 강력한 유목민족이었던 쿠샨족은 정착 후 토착세력에 동화되면서 힘을 잃은 뒤 몇 차례 외침을 받아 급격히 국력을 상실하고 말았다. 그리고 마침내 인도 중원에서 일어난 굽타 왕조에 완전히 흡수되고 마는데, 이로써 기원전 3세기 인도를 통일했던 마우리아 왕조 이래 인도는 오백 년 만에 다시 아리안족에 의해 재통일을 이루게 되었으며 더불어 인도 고유의 정치, 문화, 예술이 부활의 꽃을 활짝 피우는 계기가 되었다.

　　때마침 발생한 로마제국의 멸망과 그에 따른 서방과의 단절 또한 인도 대륙이 서방세력의 영향권으로부터 벗어나 인도 고유의 전통문화를 마음껏 꽃피울 수 있는 또 하나의 요인으로 작용했다. 그런 점에서 쿠샨 왕조 시기 간다라 지방은 동방 헬레니즘의 종착역이라 할 만한 지점이다. 간다라 지방을 중심으로 번성했던 불교문화는 쿠샨 왕조가 인도계 굽타 왕조에 자리를 내어주면서 급격히 사위어 갔다. 그러므로 쿠샨 왕조의 몰락은 곧 동방 헬레니즘의 몰락을 의미하는 것이기도 했다. 쿠샨 왕조 시기 간다라 지방에서 불교와 조우했던 그리스 신들은 알렉산드로스의 동방원정 이래로 펼쳐진 오랜 영욕의 드라마에 클라이맥스를 장식하며 간다라 불교문화와 더불어 화려하게 몰락해 갔다.

5장

실크로드를 따라간 그리스 신들

쿠샨 왕조 시기에 불교와 불교문화는 실크로드를 타고 중앙아시아 일대[1]를 거쳐 중국으로 흘러들었다. 유럽에 중국이 알려진 것은 한 무제(漢 武帝, 재위 B.C. 141~B.C. 87)의 서역 경영이 이루어졌던 기원전 1세기의 일이었다. 그 이전까지 '서역'[2]에 해당하는 오늘날의 동서 투르키스탄 전 지역을 비롯하여 만리장성 이북의 드넓은 땅은 흉노(匈奴)의 차지였다. 기원전 2세기 흉노는 당시 서역 일대를 주름잡던 대국 월지(月氏)를 치고 명실공히 최강국으로 부상했다. 이때 쫓기던 월지족의 일부가 남하하여 박트리아를

---

1 지금의 독립국가연합(구소련령에서 독립한 우즈베키스탄, 카자흐스탄, 타지키스탄, 키르기스스탄, 투르크메니스탄)을 지칭하는 서투르키스탄과 중국령 신장 위구르 자치구 일대의 동투르키스탄을 통틀어 중앙아시아로 분류한다. 더 넓게는 티베트와 몽골을 중앙아시아에 포함시키기도 한다.
2 당시 중국에서는 신장 위구르 자치구에 해당하는 동투르키스탄, 즉 타림분지 일대를 중원의 서쪽에 해당한다 하여 서역(西域)이라 불렀다. 넓게는 지금의 독립국가연합에 해당하는 지역과 파키스탄, 아프가니스탄, 인도를 포함해 부르기도 했다.

그림 1 기원전 1세기 유라시아를 가로지르는 실크로드

치고 세운 나라가 바로 쿠샨 왕조임을 우리는 익히 알고 있다. 이후 대흉노 전투에서 거듭 패하던 한 무제가 마침내 흉노를 치고 서역으로 통하는 길목인 하서회랑(河西回廊)을 비롯해 타림분지(Tarim Basin) 일대의 드넓은 영토를 수중에 넣었다. 이로서 이른바 동서교역로인 '실크로드'가 열리게 되었다.

실크로드는 중국의 비단이 서방으로 전해진 길이라는 의미를 갖지만 실크로드를 통해서 동서교역을 이룬 것은 비단뿐만이 아니었다. 실크로드상 유라시아의 가장 서쪽에 해당하는 로마에서부터 페르시아, 인도, 중국 대륙, 그리고 유라시아의 동단에 해당하는 한반도와 일본 열도에 이르기까지 세계 각 지역에서 발생한 민족 고유의 문화 역시 실크로드를 통해 다양한 접속을 이루게 된다. 이렇게 유라시아 대륙을 관통하는 실크로드는 예로부터 온갖 문물이 교류하는 문명의 교차로 역할을 톡톡히 해왔다.

실크로드는 동서교역뿐 아니라 북전불교(北傳佛敎)의 루트라는 점에서도 의미가 매우 크다. 남전불교(南傳佛敎)가 인도에서 스리랑카를 거쳐 동남아 각지에 이르는 전파 루트를 가지는 데 반해 북전불교는 인도 서북부인 간다라 지방을 거쳐 동서 투르키스탄에 이르고 다시 동투르키스탄에서 동아시아 각지에 이르는 전파 경로를 갖는다. 이 북전불교의 루트를 타고 불교의 권속이었던 그리스 신들 역시 동투르키스탄의 타림분지로 흘러들었다. 지리적 특성상 유라시아를 통틀어 타림분지만큼 복합문화가 형성된 곳도 찾기 힘들다. 따라서 이곳에 유입된 그리스 신들의 변신을 이해하기 위해서는 먼저 타림분지의 특성에 대해 알아야 할 필요가 있다.

동서문화의 집결지, 타림분지

넓은 의미의 실크로드는 로마에서부터 유라시아 대륙을 가로질러 일본까지 이어지지만 그중에서도 동서 문화가 집결하는 곳은 단연 유라시아 대륙의 정중앙에 위치한 동투르키스탄, 즉 타림분지라 하겠다. 타림분지의 지리적 특징에 대해 『한서』「서역전」(西域傳)에는 '남북으로 큰 산이 있고 중앙에 하천이 흐르며, 동서 6천여 리, 남북 1천여 리'라고 기록되어 있다. 이 타원형의 대지, 타림분지는 대부분이 타클라마칸사막으로 이루어져 있으며, 타클라마칸사막을 가운데 두고 북쪽으로는 톈산(天山)산맥이, 남쪽으로는 쿤룬(崑崙)산맥이 오롯이 감싸고 있다. 이 남북의 두 산맥

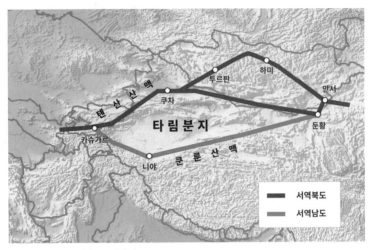

그림 2 타림분지를 통과하는 두 갈래 길

에서 흘러내린 눈 녹은 물이 지하로 스며들어 크고 작은 오아시스를 이루어 놓았는데, 이 오아시스를 따라 동서를 잇는 교통로와 무역로가 형성되었다. 한 무제에 의해 동서교역의 길이 열린 이래 타림분지 내의 오아시스 도시국가들은 동서교역의 장으로서 역사의 무대 위로 부상했다.

타림분지, 즉 동투르키스탄에서 불교가 전래된 경로를 살펴보면 타클라마칸사막을 통과하는 천산남로, 천산북로, 서역남로의 세 오아시스 루트 가운데 천산남로와 서역남로가 불교전파의 두 갈래 길이 된다. 이들은 각각 서역북도(西域北道)와 서역남도(西域南道)로도 불리는데, 간다라에서 파미르고원을 넘어 타림분지에 이른 불교는 이 두 갈래 길을 따라 전파되면서 각기 다른 양상으로 전개되었다. 간다라 지역에서 이루어졌던 동서 문화의 접속은 그리스·로마와 페르시아 그리고 인도문화에 한정되어 있었지만 타림분지는 그 지역의 오랜 주인이었던 유목민 문화와 더불어 타림분지의 동쪽에 위치한 동아시아 문화가 유입됨으로써 문화 간 접속의 장은 더욱 두터워졌다.

원래 타림분지에는 오아시스를 중심으로 반농반목(半農半牧)하는 몇몇 소국들이 존재하고 있었다. 그러나 지형적 특성상 이 오아시스 왕국들은 타림분지 주변에서 일어난 여러 민족들 간의 각축장이 될 수밖에 없었다. 차례로 흥왕했던 월지와 흉노의 지배에 이어 한 무제의 서역 경영 이후 한(漢) 왕조의 지배하에 들어갔으며, 6세기 전반은 에프탈, 6세기 후반에서 7세기 중반까지는 서돌궐의 수중에 들어갔다가 7세기 중반 이후에는 강성해진 당나라의 차지가 되었다. 그 후로도 7세기 말에는 동돌궐, 그리고 8세기 중엽에는 위구르족에 지배권이 돌아갔다. 이처럼 정복과 병합이 끊임없이 이어지고 그에 따른 주민의 이동도 잦았던 타림분지는 고유의 문화가 뿌리를 깊게 내리고 오랜 세월 그 전통을 이어 갈 수 있는 환경이 조성되기 어려웠다. 그 대신 다양한 민족, 언어, 종교 등이 어우러져 혼합되고 파생되는 국제적 양상을 띠게 되었는데, 이 시기에 타림분지에서 성행했던 문화는 주로 불교에 관한 것이었으며 출토된 조형물 또한 불교미술에 관한 것이 대부분을 차지하고 있다.

그림 3　당나라의 염립본(閻立本)이 그린 「왕회도」(王會圖)에 나온 6세기 각국 사신들. 상단 왼쪽부터 이란인, 카자흐스탄인, 아프가니스탄인, 인도인, 신라인. 하단 왼쪽부터 호탄인, 당 태종, 일본인, 고구려인이다.

그림 4 서역남도의 불탑

그림 5 서역북도의 석굴사원

타림분지의 불교미술

타림분지에 있어 불교의 전래는 늦어도 기원후 1세기 무렵에 시작되었으며, 간다라 지방으로부터 서역남도의 호탄(khotan, 和田)을 경위하여 타림분지 안의 모든 오아시스 도시로 전해졌다. 타림분지 불교미술의 특징을 살펴보면 불교유적이 주로 평지에 조성되었던 남도에는 햇볕에 말린 진흙으로 쌓아 올린 불탑이 많은 반면 톈산산맥 기슭을 따라 암벽이 발달했던 북도에서는 바위벽에 조성된 석굴사원이 많이 남아 있다. 그 밖에도 직물공예와 목공예, 금동불상 등의 소형 유물들이 이 지역에서 출토되었으며, 사막 지대의 특성상 흙으로 빚어 만든 소조상(塑造像)이 가장 많이 전해지고 있다. 타림분지의 국제적 양상은 그곳에서 이루어졌던 불교미술을 통해서도 확인되는바, 특히 타림분지 각지에서 발견된 벽화양식은 지역과 시기에 따라 각각 그리

그림 6 투르판에서
출토된 소조상

스·로마풍, 인도·이란풍, 중국풍, 위구르풍의 양식을 보이고 있어 당시 이 지역의 국제적이고 다민족적인 양상을 단적으로 보여 주고 있다.

· 그리스·로마풍의 벽화 예술

3~4세기 서역남도 동부의 누란(Kroraina, 樓蘭), 미란(Miran, 米蘭), 니야(Niya, 尼雅) 지방의 불교미술에서는 간다라의 영향이 강하게 나타날 뿐만 아니라 그리스·로마 양식이 확인되고 있어 서방세

그림 7   타림분지 서역남도에서 출토된 화강을 두른 동자와 젊은이가 묘사된 벽화

그림 8   화강을 두른 동자가 새겨진 로마시대 석관

그림 9   로마 벽화

그림 10 미란 사지에서 발굴된 그리스·로마풍의 벽화. 미란의 에로스(왼쪽)와 붓다상(오른쪽)

계와의 강한 연관을 보여 주고 있다. 이 지역에서 발견된 벽화들을 살펴보면 양 어깨에 화강(花綱)을 두른 나체의 동자와 프리지아 모자를 쓴 젊은이, 그리고 그들 사이에 인도의 귀인과 로마 청년들의 상반신이 묘사되어 있다. 화강이란 말 그대로 꽃을 엮어 만든 긴 줄인데 사후 영혼이 낙원에 인도되기를 기원하는 의미를 담고 있다. 로마 석관 장식에서 유래한 이 화강은 불교에 흡수된 이후로는 죽은 영혼을 극락세계로 인도하기 위한 목적으로 사용되었음에 틀림없다.

이 벽화에 그려진 인물을 관찰해 보면 윤곽선의 사용과 음영법에 의한 입체적 표현 방법에서 로마 회화양식의 요소를 엿볼 수 있다. 특히 미란 불교사원지에서 발굴된 그리스·로마풍의 날개 달린 천사의 흉상은 다름 아닌 그리스 신화에 등장하는 사랑의 신 에로스인 것으로 밝혀져 흥미를 더하고 있다.

• 인도·이란풍의 벽화 예술

6~7세기 타림분지 서역북도의 쿠차(Kucha, 龜玆)에서는 인도·이란 양식의 석굴벽화가 대량으로 제작되었다.^{그림 11, 13} 쿠차국은 타림분지 내에서 가장 많은 수의 석굴사원을 가지고 있는 불교왕국으로, 그중에서도 제일 큰 규모의 석굴사원은 무자트 강변에 조성되어 있는 키질 석굴이다. 키질 석굴은 쿠차 지구의 석굴뿐만 아니라 서역북도를 통틀어 가장 큰 규모의 석굴로 알려져 있으며, 석굴 내벽에 수많은 불상들이 그려져 있어 키질 천불동(千佛洞)으로도 유명하다. 키질 석굴벽화는 인물이나 의장(意匠)의 표현에서 전체적으로 인도·이란풍이 강하며, 명암과 농담으로 입체감을 살린 서구적 회화기법이 특징적이다. 아프가니스탄의 바다푸샨에서 산출된 암석 라피스 라줄리(lapis lazuli)의 푸른색 안료를 주로 사용하여 전체적으로 차가운 느낌을 주는 것도 키질 석굴벽화의 큰 특징으로 들 수 있다.

• 중국풍의 벽화 예술

중국 당나라가 서역에 진출한 8세기는 쿠차 서남부 지역의 쿰투라(Kumtura, 庫木吐擽) 석굴을 중심으로 중국불교의 영향이 두드러지게 나타났던 시기이다. 이는 7세기 중엽 서역제국을 점령한 당 왕조가 구자국(龜玆國, 쿠차)에 서역 지배를 위한 군사 거점으로 안서도호부(安西都護府)를 두었던 이후로, 이 시기에 열린 쿰투라 석굴에는 중국풍의 벽화가 주를 이룬다.^{그림 14} 따라서 8세기 이후가 되면 석가모니 전생을 주제로 한 본생도(本生圖)와 석가모

그림 11 명암과 농담으로 입체감을 살린 인도·이란풍의 키질 석굴 벽화

그림 12 명암을 살린 로마인의 초상화   **그림 13** 키질 석굴의 이란 전통 복장을 한 인물 벽화

그림 14 중국풍의 쿰투라 석굴 벽화

그림 15 둔황 막고굴 벽화로 조성된 중국 당대(唐代)의 불설법도

니의 일대기를 그린 불전도(佛傳圖) 등 소승불교의 소재 중심에서 벗어나 석굴 내부에 예배용 불상이 단독으로 조성되고 대승불교 경전에 기초한 다양한 도상들이 등장한다. 당시 대승불교를 신앙했던 당 왕조의 영향이 거꾸로 불교를 전해 주었던 서역 땅으로 역류하여 쿰투라 석굴 안을 온통 중국풍의 도상들로 수놓았던 것이다.

• 위구르풍의 벽화 예술

9세기 이후는 위구르(Uyghur, 回鶻)족이 서역 일대를 지배했던 고창 위구르족의 시대이다. 위구르족은 투루판(Turfan, 高昌)을 지배하면서 그 지역의 다민족 구성원들을 포용하고 그들의 다양한 종교와 문화를 흡수하고 융합하는 정책을 펼쳐 나감으로써 300년이 넘는 오랜 세월 동안 평화를 유지해 갈 수 있었다. 이 시기에 화염산(火焰山) 기슭 무르투크강변의 절벽에 위구르 화풍의 벽화로 유명한 베제클리크(柏孜克里克) 석굴이 조영되었다.[그림 16] 베제클리크 석굴은 위구르어로 '아름답게 장식된 집'이라는 뜻을 가진 불교사원이다. 예술에 있어서도 뛰어난 감각을 지녔던 위구르인들은 베제클리크 석굴사원에서 이름만큼이나 눈부시게 아름다운 벽화예술을 탄생시켰다. 그러나 아름다운 벽화들로 장식되었던 베제클리크 석굴사원은 두 차례에 걸친 수난의 역사를 가지게 되는데, 14세기 초 위구르족이 이슬람교로 개종했을 당시 이슬람교도들에 의한 무자비한 파괴와 20세기 초 유럽과 일본 탐험대의 약탈에 의한 무참한 훼손이 그것이다.[그림 17] 따라서 파괴와

그림 16 베제클리크 석굴 전경

그림 17 제국주의 탐험대에 의해 벽화가 훼손된 투르판 석굴 내부

그림 18 박락(剝落)되어 각국 박물관에 보존된 위구르풍의 베제클리크 석굴 벽화 단편

약탈을 모면하고 현재 석굴 내부에 남아 있는 벽화는 극히 일부에 불과하다.

타림분지의 그리스 신들

타림분지가 타원형의 지대라는 사실은 기하학적 차원에서 바라볼 때 매우 의미심장하다. 그것은 원의 중심이 하나인 반면 타원의 중심은 무수히 많기 때문인데, 중심이 많다고 하는 것은 전체를 아우르는 하나의 중심이 없다는 뜻이기도 하다. 유라시아 대륙의 정중앙에 위치한 타림분지에서는 무수한 민족들이 명멸해가고 다양한 문화가 꽃피었지만 그중 어느 한 민족이 타림분지의 중심으로 자리매김되지 않았으며, 어느 한 문화가 타림분지 전체를 대표하지도 않았다. 그것은 마치 타림분지 전체를 메우고 있는 타클라마칸사막의 전경이 모래바람에 의해 뭉치고 흩어지기를 반복하며 다양한 경치를 그려 갈 뿐 고정된 하나의 풍경이 없는 것과도 같다. 그런 의미에서 타림분지야말로 유라시아를 통틀어 가장 평등한 땅이 아니었을까? 이 평등한 타원형의 대지에서 그리스 신들은 과연 어떤 모습을 하고 있을까?

사실 알렉산드로스의 계획대로라면 동방원정의 종착지는 인도가 된다. 그 시절 그리스인들에게 알려진 동방은 인도를 넘어서지 않았으므로. 그러나 알렉산드로스는 인도 서북부의 간다라지역까지는 점령했으나 인더스강 유역에서 무적의 인도 코끼리군

그림 19 동아시아가 나타나 있지 않은 고대 그리스 프톨레마이오스의 세계지도

단에 무릎을 꿇어 인도 중부지방으로는 진출하지 못했다. 따라서 인도대륙 전체를 차지하지는 못했다 할지라도 알렉산드로스가 가슴에 품었던 세계 제패의 꿈은 어느 정도 이루었다고 볼 수 있을 것이다. 동방원정길에 동행했던 그리스 신들도 간다라 지방에서 오랜 여정을 끝마쳤으며 위대한 그리스 문명을 전 세계에 전파하기 위한 신들의 과업도 그곳에서 얼추 마무리되었다. 그러나 훗날 동서를 이어 주는 실크로드가 열리면서 그리스 신들이 보다 동쪽으로 진출할 수 있는 기회가 다시 주어졌다.

간다라에서 북동진한 불교문화와 더불어 그리스 신들 역시 붓다의 권속(眷屬)으로서 타림분지로 흘러들어 갔던 것으로 보인다. 그러나 길이 너무 멀고 험해서일까, 대부분의 그리스 신들은 간다라에서 타림분지로 이어지는 파미르고원을 넘지 못하고 그대로 간다라 지방에 눌러앉고 말았다. 타림분지에서는 더 이상 바즈라파니가 된 그리스 신들도, 불탑을 떠받치고 있는 아틀라스도, 반인반어의 트리톤이나 반인반마의 켄타우로스 같은 괴수조차도 찾아볼 수 없다. 다만 북풍의 신 보레아스와 어린 에로스만이 간혹 눈에 띌 뿐인데, 아무래도 험준한 산맥을 넘어 이동하기에는 날개 달린 신들이 보다 수월했던 까닭인지도 모르겠다. 그들은 모두 그리스·로마에서 왔지만 간다라 지방을 지나면서 예외 없이 불교에 흡수된 상태였다. 그에 더하여 타림분지라는 또 하나의 장과 접속한 신들의 외모에는·커다란 변화가 발생했다.

· **바람신의 여행**

북풍신 보레아스가 발견된 쿠차 왕국은 타림분지의 오아시스 국가들 중에서도 가장 많은 수의 석굴사원을 보유하고 있는 서역북도 최대의 불교왕국이었다. 중국의 역대 사서에 의하면 쿠차인들은 일찍이 불교로 개종했던 독실한 불교도들이었다고 한다. 성내에는 절과 탑이 많았으며 타림분지 내의 오아시스 도시에서는 물론, 멀리 중국과 파미르고원으로부터도 승려와 왕족들이 불교를 배우고 수행하기 위해 찾아올 정도로 번성했던 불교왕국이었다. 또한 장안(지금의 시안)으로 초빙되어 12년간 대승불교의 역경사업에 종사했던 쿠마라지바(Kumārajīva, 鳩摩羅什, 344~413)는 쿠차가 낳은 명승으로 오늘날까지도 세간에 그 명성을 떨치고 있다.

그런데 특이한 것은 그토록 찬란한 불교왕국을 일구어 냈던 쿠차인들이 인도유럽어 중에서도 보다 유럽계 언어에 가까운 토하라어를 사용하는 민족이었다는 것이다. 이에 서기 91년 서역을

그림 20 쿠마라지바 초상과 키질 석굴사원 앞에 세워진 쿠마라지바상

정벌했던 후한의 반초(班超, 32~102)에 의해 왕위에 올려졌던 백패 (白覇)이후, 대대로 쿠차의 왕가를 이루었던 백씨성(白氏姓)의 사람들이 로마계라는 주장은 한층 신빙성 있게 다가온다. 그렇다면 바람신 보레아스는 쿠차에 그리스·로마인의 후예들이 살고 있다는 풍문을 전해 들었던 것은 아닐까? 그래서 간다라 지방에서 파미르 고원을 넘어 타림분지 서북쪽의 쿠차까지 날아갔던 것은 아닐까? 만릿길을 마다 않고 날아온 바람신의 자취를 확인하기 위해서 우리의 발길은 쿠차 왕국의 무자트 강변 기슭에 조성된 키질 석굴로 향한다.

키질 석굴은 쿠차 지구의 석굴뿐만 아니라 서역북도를 통틀어 가장 큰 규모의 석굴로 굴 내부에 조성된 방의 수가 무려 236개에 달한다. 또한 석굴 내벽에 수많은 불상들이 그려져 있어 키질

그림 21 청금석(靑金石)이라고도 불리는 푸른빛의 광석, 라피스라줄리를 안료로 하여 그린 키질 석굴벽화

천불동(千佛洞)으로도 유명하다. 키질 석굴의 조영(造營)은 타림 분지는 물론 중국 본토의 석굴을 포함한 가장 이른 시기인 3세기에 시작되어 700년간에 걸쳐서 이루어졌다. 그러나 10세기 이후 이슬람 세력이 타림분지를 지배하면서 조영이 중단되었으며, 14~15세기 이후로 이슬람교도들에 의해 철저히 파괴되었다. 그나마 수십 킬로미터 떨어진 산중에 조영되어 파괴를 면할 수 있었던 석굴사원은 20세기 초 유럽탐험대에 의해 상당 부분이 훼손되었다. 그중 운 좋게도 수난을 모면한 80개의 굴에는 오늘날까지도 보존 상태가 상당히 좋은 벽화들이 남아 있다.

라피스 라줄리의 푸른빛이 아름다운 이 석굴사원 제38굴의 천장에는 「천상도」가 그려져 있다. 달에서 태양에 이르기까지 석굴 천장에 일직선으로 그려진 「천상도」 가운데에는 바람에 의해 크게 부푼 천을 등 뒤에 두른 바람신이 묘사되어 있다. 앞가슴에 커다란 유방이 달려 있는 이 바람신은 놀랍게도 그리스 신화에 등장하는 바람신으로 알려져 있다. 아테네 파르테논 신전의 기슭에 남아 있는 고대 유적 아고라(Agora, 광장)에는 '바람의 탑'으로 불리는 팔각형의 석탑이 세워져 있다. 탑의 팔면에는 각각 바람의 신들이 새겨져 있는데 그중에서 북풍신 보레아스를 키질 석굴 「천상도」에 그려진 바람신의 원조로 보는 것이다.

보레아스(Boreas)는 티탄족인 아스트라이오스(Astraios)와 새벽의 여신 에오스(Eos) 사이에서 태어났으며 서풍 제피로스(Zephyros), 남풍 노토스(Notos), 동풍 에우로스(Euros)를 형제로 두고 있다. 북풍은 그 성질이 거칠고 광폭하며, 서풍은 부드럽고 온화한 한편 남풍과 동풍은 따뜻하지만 때로 태풍과 폭우를 동반하므로 사람들은 서풍을 가장 좋아한다고 한다. 그리스 신화에 보면 거칠고 광폭한 북풍신 보레아스는 오레이티아라는 요정에게 반해 사랑을 고백할 때도 감미롭게 속삭이는 대신 강제로 납치하여 자신의 아내로 삼았다. 이는 바다에서 탄생한 아프로디테를 부드럽게 떠밀어 키프로스섬으로 데려다 준 서풍신 제피로스와 대조를 이루는 모습이다. 그리스 도자기 그림에 자주 나타나는 보레아스의 형상은 거친 성격을 반영하듯 뻣뻣하게 솟은 머리카락과 더부룩한 수염을 한 다소 험상궂은 모습을 하고 있다.

보레아스 역시 알렉산드로스의 동방원정에 동참한 다른 신들과 마찬가지로 그리스에서 페르시아와 서아시아를 거쳐 중앙아시아로 오는 동안에 많은 변화를 겪었다. 가슴에 품은 자루에서

그림 22 북풍신 보레아스와 바람의 탑

그림 23 그리스 도자기 그림 속의 북풍신 보레아스

그림 24 로마넬리의 「요정 오레이티아를 납치하는 보레아스」

그림 25 보티첼리의 「비너스의 탄생」(피렌체 우피치 미술관). 서풍신 제피로스가 입으로 바람을 불어 아프로디테가 땅에 닿도록 도와준다.

그림 26 간다라 출토 불전도에 나타난 바람신

그림 27 간다라 출토 코인에 새겨진 바람신과 천을 두른 바람신

그림 28　바미얀 대불 전경

그림 29　바미얀 대불 불감 내부

그림 30　불감 천장 미륵불 좌우에 그려진 바람신(점선 안 부분). 머리 위로 부풀어 오른 천을 양손으로 잡고 있다.

찬바람을 뿜어내는 북풍신 보레아스가 동쪽의 간다라 지방으로 전해지는 동안에 바람이 든 자루는 등에 두른 천으로 변했다. 지금은 탈레반에 의해 파괴되었으나 아프가니스탄의 바미얀 대불 불감(佛龕, 불상을 모셔 두는 방이나 집) 천장에도 이러한 모습의 바람신이 그려져 있었다.^{그림 28~30}

북풍 보레아스는 고향인 그리스 아테네에서 간다라로 날아와 모습을 바꾸고 다시 북동진하여 타림분지 서북쪽의 쿠차로 날아가 키질 석굴사원의 천장에 안착했다. 바람신이 묘사된 38호굴의 천상도는 다름 아닌 불교의 극락세계를 표현한 그림이다. 천장 중앙의 석가모니 붓다는 인도의 토속신 약시와 반인반조(半人半鳥)인 가루다, 그리고 멀리 그리스에서 날아 온 바람신을 거느리고 있다. 그리스 신화 속에서 거친 바람처럼 난폭하고 제멋대로 행동했던 보레아스는 붓다에 귀의한 뒤 그 기질이 순화된 양, 한층 부드러워진 모습을 하고 있다. 특유의 뻣뻣한 머리카락은 인도식 터번으로 우아하게 감싸고, 역시 인도 북부를 거치면서 얻은 것으로 보이는 약시처럼 풍만해진 가슴을 드러낸 채 다른 민족의 신들과도 조화를 이루며 극락의 하늘을 아름답게 수놓고 있는 것이다.

그 후로 북풍신의 모습은 타림분지 어느 곳에서도 발견되지 않았다. 바람만큼 이동성이 강한 성질도 없는데 그렇다면 보레아스는 중앙아시아를 벗어나 어디론가 더 멀리 날아가 버린 것은 아닐까? 그러던 중 유라시아의 동쪽 끝에 위치한 일본 열도에 보레아스와 매우 흡사한 바람신이 있다는 소문이 들려 왔다. 우락부락한 생김새나 뻣뻣하게 솟은 머리카락, 무엇보다도 커다란 바람자

그림 31 키질 석굴 38호 천장의 천상도

그림 32 천상도 중의 바람신

그림 34 교토 쇼소인(正倉院)의 바람신 조각상

그림 33 한국계 화가
한낙연이 그린 천상도 모사도

그림 35 17세기 일본의 풍신도(風神圖)

루를 둘러맨 모습이 영락없는 북풍신 보레아스의 이미지 그대로임을 한눈에도 알 수 있다. 그러나 이 바람신이 그리스에서 날아온 북풍신 보레아스인지는 알 수 없는 일이다.

• 미란의 에로스

파미르고원을 넘어 타림분지까지 이동한 그리스 신은 매우 드물지만 보레아스가 유일한 경우는 아니었다. 타림분지 남동부의 미란(Miran, 米蘭) 불교사원지에서는 그리스·로마풍의 날개 달린 천사의 흉상이 그려진 벽화 단편이 발견되었는데 이 천사상은 놀랍게도 사랑의 신 에로스에 근원을 두고 있는 것으로 밝혀졌다. 우리는 앞서 아프로디테가 어린 에로스를 데리고 알렉산드로스의 동방원정길에 동참했던 사실에 대해 이야기한 바 있다. 그러나 타림분지 어느 곳에서도 아프로디테의 모습이 보이지 않는 것으로 보아 에로스는 간다라 지방에서 붓다의 협시가 된 제 어미를 남겨 두고 홀로 파미르고원을 넘어 타림분지로 이동한 듯하다. 본래 그리스 신화에 등장하는 에로스는 사랑의 신으로 유명하다. 미의 여신 아프로디테와 전쟁의 신 아레스 사이에서 태어난 에로스는 그리스 고전기 조각에서는 훤칠하게 잘생긴 청년으로 묘사되고, 프시케라고 하는 아름다운 소녀와의 애절한 사랑 이야기로도 유명하지만 헬레니즘 시대 이후로는 어깨에 앙증맞은 한 쌍의 날개를 단 어린아이의 모습으로 많이 등장하게 된다.

따라서 알렉산드로스를 따라 원정길에 오른 것은 어린 에로스였으며, 미란에서 발견된 에로스 역시 어린아이의 모습을 하고

그림 36 프랑수아 제라르의 「에로스와 프시케」(파리 루브르 박물관)　**그림 37** 어린 에로스

있다. 에로스의 등에는 언제나 작은 화살통이 메여 있는데 그 안에
는 황금 화살과 납 화살이 들어 있다. 그중 황금 화살은 맞는 이로
하여금 사랑의 감정이 일게 하고, 납 화살은 반대로 미움의 감정을
끓어오르게 한다. 장난끼가 많았던 어린 에로스는 곧잘 이 화살들
을 남발하여 드라마틱한 사건을 일으키곤 했는데, 우리에게 잘 알
려진 아폴론과 다프네의 신화는 그 대표적인 예라 하겠다.

　그 내용을 여기서 잠깐 언급하자면 어느 날 만능 재주꾼에 궁
술에도 능했던 아폴론이 장난감처럼 작은 화살통을 메고 다니는
어린 에로스를 비웃었다. 이에 약이 오른 에로스가 곧바로 아폴론
을 응징했다. 에로스가 쏜 황금 화살에 맞은 아폴론은 강의 신 페
네이오스의 딸 다프네를 사랑하게 된 반면 에로스의 납 화살에 맞
은 다프네는 그런 아폴론이 죽을 만큼 싫었다. 그리하여 아폴론은

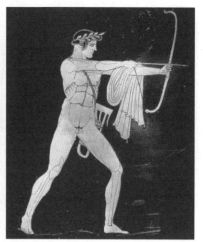

그림 38 잔 로렌초 베르니니의 「아폴론과 다프네」(로마 보르게세 미술관). 아폴론의 손이 닿자 월계수로 변하는 다프네

그림 39 월계수잎 관을 쓴 아폴론

도망가는 다프네를 미친듯이 뒤쫓고, 다프네의 애절한 절규를 들은 강의 신 페네이오스는 아폴론의 손아귀에서 딸을 구하기 위해 그녀를 월계수로 만들어 버리고 만다. 이에 크게 낙담한 아폴론은 그 후로 월계수 가지를 꺾어 머리에 꽂고 다녔다고 한다.

　이처럼 짓궂은 '트러블 메이커'도 불교에 흡수되면서 죽은 이들을 명계(冥界)로 인도하는 엄숙한 저승사자의 임무를 부여받게 되었다. 본래 불교의 근본 교리가 '세상 모든 고통은 집착으로부터 생겨나니 이를 끊고 깨달음에 이를 것'(苦集滅道)을 가르치므로 불교의 수행자들은 집착의 근원이 되는 애욕을 멀리해야만 했다. 이런 사실에 비추어 볼 때 불교에 흡수된 에로스의 역할이 바뀐 것은 지극히 자연스러운 귀결이라 하겠다. 불교에서는 이 말썽쟁이 꼬

그림 40 어깨에 한 쌍의 날개를 달고 변발머리를 한 미란의 에로스

마에게 더 이상 사랑의 불장난을 허락하지 않았으며 대신 가엾은 중생들을 위해 자비를 실천할 것을 명했던 것이다.

　미란의 에로스는 역할뿐만 아니라 외모에도 변화가 생겼다. 본래 에로스의 머리는 전형적인 서구인에게서 볼 수 있는 금발의 곱슬머리였지만 미란의 에로스는 정수리에만 머리털이 나 있는 변발(辮髮) 모양을 하고 있다. 보기에 따라서는 다소 우스꽝스럽기도 한 이 헤어스타일은 타림분지의 몇몇 오아시스에서 출토된 유물에서도 나타나고 있어 그 연원을 한때 타림분지의 주역이었던 유목민족 흉노의 변발에 두고 있다. 이러한 변발은 훗날 중국에서 당아(唐兒)라 불리는 남자아이의 머리 모양으로 유행했다고 한다. 이로써 우리는 그리스의 신이 북방 유목민의 문화와 접속한 흔치 않은 경우를 목격하게 된 셈인데 이 사실이 우리에게 환기시켜 주는 바는 타림분지가 곧 북방 유목민족의 오랜 영토였다는 것이다. 그런 내막이야 어찌 됐든 간에 정수리에 한 줌뿐인 머리 모양을 하고도 천진난만한 표정을 짓고 있는 것을 보면 에로스 자신은 변발 스타일이 과히 싫지 않았던 모양이다.

• 헤라클레스의 매듭

우리는 동방원정의 초기에서부터 전승신 베레트라그나와 컨소시엄을 맺었던 파르티아를 지나 간다라 지방에서 바즈라파니가 되어 붓다의 협시를 서게 된 헤라클레스의 오랜 여정을 기억하고 있다. 그러나 타림분지에서 헤라클레스의 자취를 찾는 것은 결코 쉬운 일이 아니었다. 남도와 북도를 통틀어 헤라클레스로 추정되는 어떠한 유물도 발견되지 않았으며 헤라클레스의 소식을 전하는 아무런 목소리도 들려오지 않았다. 어쩌면 헤라클레스 역시 대부분의 그리스 신들처럼 파미르고원을 넘지 못하고 간다라 지방에 그대로 눌러앉아 버리고 말았던 것인지도 모른다. 제아무리 천하장사라 해도 날개 없이 파미르고원을 넘는 것은 역시 무리였던 걸까? 의문 속에 헤라클레스의 흔적이 발견된 것은 서역남도의 호탄(Khotan, 和田)에서였다. 『한서』「서역전」의 우전국(于田國)에 해당하는 호탄은 서역남도 최대의 오아시스 왕국으로 간다라 지방과 서역을 이어 주는 중요한 연결로였다. 옥의 생산지로도 유명한 호탄 왕국은 옥 무역을 통해 막대한 부와 번영을 누리고 있었으며 타림분지 내에서 불교가 가장 먼저 전해진 곳이기도 하다.

타림분지 최고의 불교 왕국 호탄 지역에서 최근 독특한 형상의 금동 불두(佛頭) 하나가 발견되었다. 그리스 조각에 이란풍이 가미된 형상이 한눈에도 간다라 불상의 직접적인 영향을 받은 것으로 보이는 이 불두에서 우리는 헤라클레스 자취의 실마리를 찾을 수 있었다. 그것은 다름 아닌 불두의 상투를 묶은 매듭이었는

그림 41 헤라클레스 매듭(원 안)과 호탄에서 출토된 금동 불두

그림 42 사자가죽으로 묶은 헤라클레스 매듭

데, 그 작은 매듭이 바로 죽음과 악귀를 쳐부수는 '헤라클레스 매듭'[3]이었다.

역시 천하무적의 용사 헤라클레스는 남다른 데가 있었다. 천

---

3 네메아의 사자를 때려잡은 헤라클레스는 그 후로 강철같이 튼튼한 사자가죽을 방패처럼 몸에 걸치고 다녔다. 헤라클레스 매듭은 그때 사자가죽으로 묶은 매듭에서 유래했다. 고대 그리스인들은 어떠한 외부의 압력에 의해서도 풀리지 않는 헤라클레스 매듭을 허리 중앙에 달아 액운과 악귀를 물리치는 부적으로 사용했다. 또한 고대 로마에서는 이 매듭을 순결의 상징으로 결혼식 날 신부의 허리에 묶고 마치 봉인된 뚜껑을 개봉하듯이 첫날밤에 신랑으로 하여금 풀게 했다고도 한다. 훗날에는 반지나 목걸이 등의 장신구에 새겨 남녀가 영원한 사랑의 징표로서 주고받기도 했다.

공의 신 제우스도, 바다의 신 포세이돈도 넘지 못했던 거친 파미르 고원과 죽음의 타클라마칸사막을 그만이 뚜벅뚜벅 걸어서 타림 분지 안으로 들어왔으니 말이다. 여기서 우리는 헤라클레스의 남다른 면모를 알아보기 위해 잠시 그리스 신화 속으로 들어가 보기로 하겠다.

헤라클레스 신화에는 열두 가지 과업이 등장한다. 이 과업의 첫 번째 임무는 흉포한 네메아의 사자를 죽이는 일이었다. 여느 사자의 열 배에 해당하는 힘을 지닌 이 괴물사자를 헤라클레스는 누구의 도움도 없이 그리고 아무런 무기도 사용하지 않고 오로지 맨손으로 때려잡았다.^{그림 46} 그 후로 헤라클레스는 어떤 날카로운 무기로도 뚫을 수 없는 네메아의 사자가죽을 방패처럼 몸에 두르고 다녔다고 하는데, 그러한 형상은 헤라클레스 조상(彫像)의 전형이 되어 고대 그리스 조각이나 도자기 그림, 주화 등에 즐겨 묘사되었다. 그 후로 헤라클레스의 힘과 용기를 흠모했던 알렉산드로스나 코모두스, 그리고 나폴레옹 같은 권력자들이 사자가죽 복장을 한 조각상으로 등장하기도 했다.^{그림 43~45}

또한 르네상스 시대 이후로 현대에 이르기까지 많은 화가와 조각가들에게 사자가죽을 입거나 몸에 걸친 헤라클레스상은 매력적인 모티브로서 애호되고 있다. 그리고 앞으로 전개될 우리의 이야기 속에서도 헤라클레스의 사자가죽은 없어서는 안 될 핵심적인 요소로서 등장하게 된다. 이에 헤라클레스보다도 더 오래 살아남게 될 헤라클레스의 사자가죽에 주목해 주길 바란다.

그림 43 헤라클레스 코스튬을 한 코모두스

그림 44 헤라클레스 코스튬을 한 알렉산드로스

그림 45 헤라클레스 코스튬을 한 나폴레옹

그림 46 네메아의 사자를 죽이는 헤라클레스

그림 47 저승의 문턱을 지키는 머리 셋 달린 개, 케르베로스를 제압한 헤라클레스

그림 48 머리 아홉 개 달린 독뱀 히드라를 퇴치하는 헤라클레스

네메아의 사자 이외에도 헤라클레스의 상대들은 머리 아홉 개 달린 독뱀 히드라,[그림 48] 청동 깃털과 강철로 된 부리와 발톱을 가진 스팀팔로스의 괴조, 훗날 미노스의 미궁에 갇히게 될 크레타의 식인황소, 저승의 문턱을 지키는 머리 셋 달린 개 케르베로스[그림 47] 등 하나같이 힘세고 사나운 괴수들이거나, 아니면 헤스페리스의 황금사과, 황금뿔과 청동 발굽을 가진 암사슴, 아마존 여왕 히폴리테의 허리띠처럼 좀처럼 손에 넣기 힘든 것들이었다. 그러나 헤라클레스는 초인적인 힘과 불굴의 용기, 그리고 지혜와 기지를 동원하여 모든 역경과 난관을 헤치고 마침내 주어진 열두 과업을 완수함으로써 영웅으로서의 면모를 유감없이 발휘했다.

　　그의 역정에 비추어 볼 때 호탄의 불두에서 발견된 헤라클레스 매듭은 본래의 상징하는 바와는 별개로 그의 굽힐 줄 모르는 용기와 포기할 줄 모르는 집념의 자취라고도 할 수 있겠다. 그러나 한 가지 분명한 것은 그리스 본토에서 멀어지면 멀어질수록 그의 자취는 점점 희미해져 가고 있다는 것이다. 그렇게 헤라클레스는 타림분지에 그의 희미한 흔적을 남기고는 다시 자취를 감춰 버렸다. 그는 어디로 간 것일까? 실크로드는 타클라마칸사막 너머 다시 동쪽으로 이어지므로 그의 성격상 타림분지에서 여정을 끝냈을 리는 없다. 따라서 헤라클레스를 쫓는 우리의 시선도 여기서 멈추지 않고 실크로드를 타고 사막 너머 멀리 동쪽을 향한다.

6장
동아시아와의 접속

한 무제의 서역경영 이후 실크로드를 따라 활발히 이루어졌던 중국과 로마 간의 교역은 페르시아 지역에 사산 왕조(226~651)가 들어서면서 완전히 단절되었다. 유구한 역사를 지닌 아케메네스 왕조의 직계후손임을 주장하며 강력한 민족주의 정책을 고수했던 사산 왕조는 이민족의 종교와 문화가 페르시아로 유입되는 것을 철저히 차단했는데, 그 결과 서쪽으로 가는 실크로드가 완전히 봉쇄되고 만 것이다. 이에 불교는 간다라 지방에서 페르시아를 거쳐 로마에 이르는 서쪽 루트를 포기할 수밖에 없었으며 타림분지를 거쳐 중국·한국·일본의 동아시아[1] 삼국에 이르는 동쪽 루트를 선택했다.

독일의 불교미술사학자 디트리히 제켈(Dietrich Seckel,

---

1 동아시아 전통문화는 본서의 성격상 명확히 구분하기보다는 큰 범위에서 중국·한국·일본을 모두 포함하여 동아시아 문화권으로 보았으며, 그때 그때 내용에 따라 중국, 한국, 일본을 개별적으로 표기하기도 했다.

1910~2007)은 중앙아시아 타림분지가 민족 간의 유동성이 높은 지역으로 행정조직과 문화패턴이 공고히 짜여 있지 않아서 외부의 영향에 크게 노출될 수밖에 없었음을 지적하고, 타림분지를 고유의 전통과 문화가 상대적으로 약한 지역으로 평가했다. 따라서 간다라 불교미술의 조형 패턴은 이 지역에서 무리 없이 수용되어 불교미술의 모델이 될 수 있었다는 것이다. 그러나 중국을 비롯한 동아시아의 상황은 크게 달랐다.

불교의 동아시아 유입

중국은 이집트, 메소포타미아, 인도와 더불어 4대 문명의 발상지로서 황하문명으로 거슬러 올라가는 수천 년의 역사를 지니고 있었으며, 고대 동아시아에서 자생한 유교와 도가(道家)[2] 역시 유서 깊은 전통문화로서 장구한 역사 속에 깊이 뿌리내리고 있었다. 그런 점에서 동아시아 문화와 접속한 불교는 인도를 떠난 이래로 비로소 제대로 된 강적을 만나게 된 셈이었다. 무력을 사용하지 않는 한, 이미 자국의 전통이 강하게 뿌리박혀 있는 곳에 이민족의 문화가 파고들어 가기란 그리 녹록지 않은 일이라는 것을 앞서 언급한 사산조 페르시아의 경우가 단적으로 말해 주고 있다.

---

2 도가(道家)와 도교(道敎)에는 근본적인 차이가 있는데, 도교는 3~4세기 무렵에 도가의 사상을 기본으로 하여 발생한 민간신앙이다.

전쟁이 아닌 유화정책을 택했던 불교는 사산 왕조가 쳐 놓은 철벽 울타리를 피해 물처럼 타림분지의 열린 공간으로 흘러갔으며 다시 중국이 터놓은 실크로드의 물길을 타고 더욱 동진한 끝에 마침내 동아시아의 오랜 전통과 조우하게 되었다.

불교가 최초로 중국에 전래된 것은 후한(後漢, 25~220) 대의 일이었지만 국가적 차원에서 보다 적극적으로 수용된 것은 한의 붕괴 이후 다섯 오랑캐가 난립하던 5호16국(五胡十六國) 시대의 일이었다.[3] 한족의 입장에서 볼 때 이민족에 해당하는 5호16국의 지배세력들은 외래문화에 보다 열린 마인드를 가지고 있었다. 그들은 한 왕조의 지배 이데올로기라 할 수 있는 유교보다는 한족과 전혀 무관한 새로운 종교를 사상적 지주로 삼고자 했으며, 이를 바탕으로 정복지에서 한족의 기상을 누르고 그들이 진정한 지배자로 군림하는 새로운 시대를 열어 가고자 했던 것이다. 불교 역시 특유의 친화력을 발휘하여 동아시아 전통종교인 유교와 도가를 포용하였으며 그 과정에서 다른 선례와 마찬가지로 문화 간의 상호 침투와 융합이 이루어졌다.

조상숭배를 중시하는 유교식 제의(祭儀)와 붓다에 바치는 불

3　불교가 중국에 전래된 것은 기원전 1세기 초, 대월지의 사신이 한나라 애제(哀帝, 재위 B.C. 7~B.C. 1)의 신하에게 부도경(浮屠經, 불경)을 구전한 것으로부터 시작되며, 보다 구체적인 입증사료가 제시된 것은 후한 명제(明帝, 재위 17~75) 때의 일이다.『후한서』「초왕영전」(楚王英傳) 권42에 보면 영평(永平) 8년(65)에 명제가 내린 조칙 중에 초왕 영이 황로(黃老, 도교의 시조)와 부도(浮屠, 붓다)를 숭상한다는 내용이 나와 있는 것으로 보아 당시 이미 불교가 알려져 있었음을 알 수 있다. 그 후 한 제국이 붕괴되고 5호16국의 시대가 이어지면서 불교가 보다 적극적으로 수용되기 시작했다.

교식 제의는 상호 배타적이지 않았으며, 도가의 기본 개념인 도(道)와 무(無)는 불교의 열반(涅槃), 공(空)과 상통하는 점을 지니고 있어 상호 침투와 융합에 있어 고무적으로 작용했다. 그런가 하면 당시 민간신앙이라 할 수 있는 도교 또한 무리 없이 수용되어 한국 사찰에 산신각(山神閣)이, 일본 사찰에 신당(神堂)이 있듯이, 지금도 중국의 사찰에는 으레 도교사원이 함께 자리하고 있는 것을 볼 수 있다. 그렇게 중국 땅에 전파된 불교는 비교적 순조롭게 현지인들의 삶 속으로 젖어 들어갔으며 이웃한 한반도와 일본열도로 전해져 크게 호응을 얻음으로써 어느덧 또 하나의 동아시아 전통으로 굳건히 자리 잡았다.

5호16국의 격변기를 거치고 다시 한족이 중원을 통일한 수(隋, 581~618)·당(唐, 618~907)대에는 이미 불교가 수백 년의 전통을 가진 종교로서 민간 속에 깊숙이 뿌리내린 뒤였다. 중세 유럽 기독교의 경우와 마찬가지로 당대의 한족들은 불교를 최대한 정치적으로 이용했다. 그렇게 해서 탄생한 대표적인 경우가 바로 룽먼석굴(龍門石窟)이다. 룽먼석굴은 중국 허난성(河南省) 뤄양(洛陽)에 위치한 석굴사원으로, 북위(北魏)에서 당대(唐代)에 이르기까지 (5~9세기) 2,300여 개의 석굴과 불감(佛龕)에 10만 개가 넘는 불상이 조성되었다. 그중에서도 가장 유명한 것은 봉선사(奉先寺)의 대형 비로자나불(毘盧遮那佛)로 전체 높이가 무려 17.4m에 이른다. 이 카리스마 넘치는 불상은 중국 유일의 여제(女帝)를 모델로하여 만들어진 것인데, 이 여제가 바로 공포정치를 펼쳐 반대세력을 제압하고 국가권력을 거머쥐었던 당대의 측천무후(則天武后)이다.

그림 1 성 소피아 성당의 유스티아누스 황제(모자이크화). 그리스도와 성인에게만 표시되었던 후광이 묘사되어 있어, 황제가 곧 성인과 동급임을 알 수 있다.

그림 2 측천무후를 모델로 조성한 룽먼석굴의 본존인 비로자나불

당시 붓다 앞에 머리를 조아려 경배드리던 백성들은 필시 붓다의 모델이 된 측천무후를 붓다와 동일한 존재로 여겼을 것이다. 이를테면 페르시아 땅에서 미트라나 아후라 마즈다와 하나가 된 제우스가 그러했듯이, 교회 성화의 모델로 그려졌던 비잔틴 제국의 유스티아누스 황제가 그러했듯이, 측천무후 역시 백성들에 의해 신처럼 떠받들어졌을 상황을 떠올리는 것은 결코 무리가 아니다.

불교문화의 역류

종교의 힘으로 권력을 더욱 공고히 하여 막강한 국력을 정비한 당 왕조는 후한 이래로 다시 이민족들의 손에 넘어간 서역 땅을 차지하기 위해 서쪽으로 진군했다. 당대에 재개된 서역경영은 전한기(前漢期)를 능가하는 것으로서 쿠차를 비롯한 타림분지 내의 주요 오아시스 도시 네 곳에 안서사진(安西四鎭)을 세우고 타림분지 너머 서투르키스탄까지 그 세력을 뻗쳐 갔다. 이러한 당 왕조의 서역경영은 751년 탈라스 전투에서 아랍군에 대패하기까지 약 1세기 동안 계속되었다. 당 왕조의 지배하에 들어갔던 8세기 타림분지에는 당시 대승불교를 신앙했던 당 왕조의 영향이 흘러들어 투르판, 쿠차 등지의 불교 유지에 많은 유물이 남겨졌다. 무엇보다도 중국풍의 불교 유물이 다수 발견된 곳은 중원에서 서역으로 통하는 길목에 위치한 오아시스 도시 둔황이었다. 지금은 엄연히 중국 본토의 하나인 간쑤성(甘肅省)에 속하지만 예로부터 둔황은 다양한 북방 유목민족들의 생활터전이기도 했다.

둔황에 불교가 전래된 것이 언제인지는 확실치 않으나 중국에 처음으로 불교가 전해진 것은 한 무제의 서역경영이 시작된 이후의 일이었다. 그렇게 중국에 불교가 전해지고 수 세기가 흐른 뒤, 당 왕조에 이르러 중국의 불교는 그 절정기를 맞이하게 된다. 이 시기에 불전 번역을 비롯하여 경전과 교리에 대한 연구는 풍부해졌으며, 유교와 도가 등 중국 전통사상과의 융화현상도 무르익어 불교미술 역시 중국색이 짙은 원숙기에 이르렀다. 당대 중원을

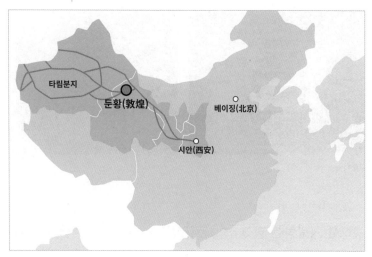

풍미했던 중국 불교미술은 동쪽으로 한국과 일본 불교미술에 지
대한 영향을 끼쳤을 뿐만 아니라 중국에 불교를 전했던 실크로드
를 타고 이번에는 역으로 서역 땅 곳곳에 중국풍의 불교미술을 전
파했다. 그 길목에서 화려한 불교미술을 꽃피웠던 곳이 바로 둔황
의 막고굴이다.

복합 문화의 결정체: 둔황 막고굴

둔황 석굴은 둔황시의 막고굴(幕高窟)을 비롯하여 안시현(安西縣)
의 유림굴(楡林窟), 쑤베이현(肅北縣)의 오개묘석굴(五個廟石窟) 등
둔황 지역에 산재해 있는 석굴들의 총칭이나 그중에서도 가장 큰

그림 4 둔황 막고굴 전경

규모를 자랑하는 막고굴이 둔황석굴을 대표한다고 할 수 있다. 막고굴은 둔황시에서 동남쪽으로 25km 떨어져 있는 밍사산(鳴沙山) 동쪽 기슭에 1600여 미터에 이르는 석굴군으로 조성되어 있으며, 6백 개에 달하는 굴 감실 중에서 벽화와 불상이 남아 있는 것만도 492개에 달한다. 막고굴이 보유하고 있는 불교미술 또한 막고굴의 규모만큼이나 웅대한 것이어서, 흙으로 빚어 만든 소조상의 수가 2,450개에 달하고 굴 내벽을 채우고 있는 벽화를 모두 이어 붙이면 그 넓이가 무려 4만 5천 평방미터에 이른다고 한다.

막고굴은 4세기에서 14세기에 이르기까지 장장 천 년의 세월을 거쳐 지속적으로 조성되었는데, 처음으로 석굴이 개착된 것은 중국 전진(前秦) 시대인 366년 낙준(樂僔)이라는 승려에 의해서였다. 전설에 의하면 낙준이 산 위에서 천불(千佛)의 형상을 한 금빛 광선이 비치는 것을 보고 그 자리에 하나의 감실을 만든 것이 막고굴 조성의 시작이 되었다고 한다. 막고굴 예술은 천 년에 걸친 조성 기간이 말해 주듯이 긴 세월 동안 둔황을 번갈아 지배했던 여러

그림 5 대칭적인 균형미가 돋보이는 당 왕조의 벽화   그림 6 구도와 표현이 자유분방한 북방계 유목민족의 벽화

민족들의 공동 작품이라 할 만하다. 막고굴 초기에 해당하는 시기 (대략 4~6세기)의 벽화작품을 보면 서역의 영향이 보다 강한 상태에서 중국 전통이 혼재하고 있으며, 표현기법은 이 시기 둔황 일대의 주역이었던 북방계 유목민족 특유의 빠른 속도감과 분방하고 역동적인 힘이 서려 있다. 초기 막고굴에서 나타나는 중국과 서역의 혼합양식은 수·당대에 이르면 현저한 중국풍의 양식으로 변모한다. 이 시기의 벽화는 자유분방한 초기 북방계 작품과 달리 대칭적 조화미와 세련된 균형미가 돋보인다.

우리가 둔황 막고굴을 살펴보는 목적은 둔황 막고굴 예술을 통해 동아시아 전통의 특징들을 확인하기 위함이며, 나아가 동아시아 전통과 접속하여 새롭게 변모된 불교예술의 제 면모를 살펴보기 위함이다. 이에 수백 개의 막고굴 가운데서 동아시아 전통문화의 특징이 가장 잘 드러나는 굴을 꼽는다면 단연 285호굴이 될 것이다.

• 동아시아 고대 신화의 세계가 펼쳐진 285호굴 벽화

285호굴 천장에는 동아시아 고대 신화의 세계가 풍부하게 펼쳐
져 있다. 동서남북 사방을 수호하는 사신도(四神圖)⁴가 그려져 있
는가 하면^{그림 11} 천장 네 모서리에는 '도철'(饕餮)⁵이 자리하고 있으
며^{그림 13} 그 옆으로 도교의 우화등선(羽化登仙)을 묘사한 듯 보이
는 날아다니는 사람이 그려져 있다.^{그림 17} 그중 무엇보다도 눈에 띄
는 것은 해와 달을 안고 있는 '복희(伏羲)와 여와(女媧)'의 그림이
다.^{그림 8} 복희는 전설상 중국 최초의 황제, 여와는 복희의 처, 혹은
누이로 알려져 있으며, 천지창조의 신화와 결부되어 있기도 하
다. 복희와 여와를 주제로 한 작품들은 중국 동쪽의 산둥성 화상
석에서부터 서쪽으로는 투르판의 백화(帛畫)에 이르기까지 중국
각지에서 출토되고 있을 뿐만 아니라 보다 동쪽인 지안(集安)의
고구려 고분에서도 동일한 내용의 벽화가 발견되었다.^{그림 9~10} 복
희와 여와는 모두 상반신은 사람, 하반신은 뱀의 형상을 하고 있
으며 손에는 각각 자와 컴퍼스(곡척)를 들고 있다. 복희는 이 세상
의 모난 부분을, 여와는 둥근 부분을 창조했다는 설화에 근거를

---

4 백호(白虎, 서방신), 주작(朱雀, 남방신), 현무(玄武, 북방신)가 있으며 동방신 청룡(靑龍)은
   없고 『산해경』에 등장하는 구수룡(九首龍, 머리 아홉 달린 용)이 그려져 있다.

5 도철은 중국 고대 전설 속의 괴수로, 혼돈(混沌)·궁기(窮奇)·도올(檮杌)과 함께 사람들이
   두려워하는 사흉(四凶)의 하나이다. 사람의 얼굴에 털로 덮인 양의 몸을 하고 있으며, 머
   리에는 구부러진 뿔이 나 있고, 호랑이의 송곳니와 네 개의 눈, 그리고 사람의 손톱을 지
   니고 있다. 일설에는 머리만 있고 몸은 없다고도 하는데 이는 무엇이든 먹어치우는 엄청
   난 식욕으로 제 몸뚱이조차 먹어 버렸기 때문이라고 한다. 이처럼 괴이한 형상에 성격
   또한 매우 흉폭하여 고대 중국에서는 악령을 퇴치할 목적으로 종과 솥 등의 종교제식 도
   구에 도철을 새겨 넣기도 했다.

그림 7 둔황 막고굴 285호굴 내부

둔 것이다. 복희여와도뿐만 아니라 사신도, 신선(神仙)과 역사(力
士)[6] 등의 도교적 도상들은 고구려와 백제 더 나아가 고대 일본의
유적에서도 발견되고 있어 이들이 매우 이른 시기부터 공통적인
동아시아 전통으로 자리매김되어 있었다는 것을 알 수 있다.

---

6 신선은 늙지도 죽지도 않고(不老不死) 하늘을 날아다니는 초인(羽化登仙)으로 도교의 신
비주의가 잘 반영된 도교의 대표적인 신격(神格)이다. 역사 또한 도교의 양생술(養生術)
과도 관련된 초인적인 힘을 가진 장사(壯士)로, 인도 토속신 야차(夜叉)에서 비롯된 불교
의 금강역사와는 근본적으로 다르다.

 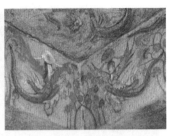

그림 8 둔황 막고굴 285호굴의 복희와 여와(상단 좌우)   그림 9 고구려 고분벽화의 복희여와도

그림 11 둔황 막고굴 285호굴의 주작

그림 10 투르판에서 출토된 자와 곡척을 들고   그림 12 고구려 고분벽화의 사신도 중 주작
있는 복희와 여와

그림 13 둔황 막고굴 285호굴의 도철

그림 14 도철상

그림 15 둔황 막고굴 285호굴의 역사

그림 16 고구려 고분벽화에 그려진 역사

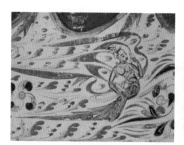

그림 17 둔황 막고굴 285호굴의 비천상

그림 18 조형에 있어서 유익상(有翼像)의 기원이 되는
아후라 마즈다상. 동아시아에서는 비천상의 날개옷이
유익상의 날개를 대신한다.

• 동아시아 전통과 접속한 막고굴 불상

둔황은 동서로 6천여 리에 이르는 광활한 타림분지의 동쪽 끝에
자리한다. 그래서인지 혼신을 다해 파미르고원을 넘어 타림분지
에 이르렀던 몇 안 되는 그리스 신들도 이곳까지 오는 것은 무리
였던 듯, 막고굴 어디에서도 그들의 모습은 발견되지 않았다. 뿐
만 아니라 인도 중부와 간다라 지방에서 만날 수 있었던 불교의
여러 신들도 이곳에서는 알아보기 힘들 만큼 큰 변화를 겪거나
전혀 다른 모습으로 재탄생되기도 했다. 인도 중부지방인 마투라
지역의 불상은 큰 눈과 두툼한 입술이 특징적인 인도인의 얼굴
과 아열대 기후에 어울리는 편단우견의 복장인 반면, 둔황의 5호
16국 시대 불상은 둥글고 이목구비가 작은 동아시아인의 얼굴에
온몸을 감싼 고대 동아시아인의 복장을 하고 있다.

또한 헬레니즘의 영향을 받은 간다라 지역의 관음보살상이
나, 인도 본토의 토속성이 강한 마투라 지역의 관음보살상이, 공통
적으로 건장하고 우람한 신체 표현으로 전형적인 남성적 이미지
를 나타내는 반면, 둔황 막고굴의 관음보살상은 우아하고 부드러
운 여성미를 특징으로 한다. 보살의 기원은 석가모니가 성도에 이
르러 붓다가 되기 이전, 수행하는 싯다르타 태자에 두고 있으므로
보살의 종류를 불문하고 남성적인 이미지로 표현됨이 자연스러
운 발상이 아닌가 한다. 그런데 둔황 막고굴의 보살상에서 여성미
가 나타나는 것은 중생구제의 원을 담고 있는 보살의 성격과 유교
적 여성상이라 할 수 있는 자애로운 어머니[慈母]의 이미지가 일치
하는 데서 기인한 듯하다.

그림 19 마투라 불상

그림 20 둔황 막고굴의 불상

그림 21 간다라의 관음보살상

그림 22 둔황 막고굴 45호굴의 관음보살상

그림 23 둔황 막고굴 57호굴의 보살상 복원도

그림 24 인도의 사천왕상　　　　　그림 25 당대 둔황 막고굴의 사천왕상

그림 26 한국 통일신라 시대의 사천왕상　　　그림 27 일본 헤이안 시대의 사천왕상

한편 인도의 신장상은 머리에 터번을 두르고 인도 고유의 복장을 한 전형적인 인도인의 모습으로 표현되었던 반면 둔황 막고굴의 신장상은 동아시아 고유의 갑옷과 무기로 무장한 장수의 모습으로 나타나고 있다. 이는 특히 동아시아에서 크게 유행했던 호국불교 사상과 깊은 연관을 가진다. 이처럼 불교의 제신들은 불교의 발상지인 인도 본토에서는 옛 인더스 문명과 힌두교의 영향을, 인도 서북쪽의 간다라 지방에서는 그리스와 페르시아의 영향을, 그리고 중앙아시아 타림분지에서는 다양한 유목민족과 동아시아의 영향을 차례로 받으며 점차 외형적 특징들이 변해 갔다. 마침내 그들이 동아시아의 입구라 할 수 있는 둔황에 이르렀을 때 무수히 중첩된 접속으로 인해 본래 지니고 있던 조형상의 정체성을 대부분 잃어버렸다. 그 와중에 둔황 막고굴에서 까마득히 잊혔던 그리스의 영웅신 헤라클레스의 자취를 발견하게 된 것은 실로 놀라운 일이 아닐 수 없었다.

헤라클레스의 흔적, 동아시아 사천왕

타림분지 남도의 호탄에서 불상의 상투에 흔적을 남긴 이후로 종적을 감추었던 헤라클레스의 자취를 다시 발견한 것은 둔황 막고굴의 제45호굴 아미타칠존상(阿彌陀七尊像)에서였다.그림 28 당대(唐代)에 만들어진 45호굴 아미타칠존상은 본존불 양 옆으로 석가모니의 십대 제자를 대표하는 아난과 가섭이 협시를 하고, 다시 그

그림 28 막고굴 제 45호굴 아미타칠존상

옆으로 한 쌍의 보살이, 그리고 가장 바깥으로는 갑옷으로 무장
한 사천왕 한 쌍이 배치되어 있다. 사천왕이 갑옷을 입게 된 경위
는 무엇보다도 사천왕의 역할 중에서 불법과 사찰 수호의 임무는
물론 나아가 국토(불국토) 수호의 임무가 강조되어 나타나는 현상
으로 설명할 수 있다. 그로 인해 호국불교의 성격이 강조되었던
동아시아에서는 사천왕의 조상(彫像)이 갑옷으로 무장한 무인(武
人)의 형상으로 정립되었으며, 고금을 막론하고 중국·한국·일본
의 동아시아 삼국의 사천왕은 대부분 이러한 형상을 하고 있다.

막고굴의 사천왕에서 우리가 주시해야 할 것은 사천왕의 어
깨를 감싸고 있는 견갑(肩甲) 장식이다. 그것은 포효하는 사자의
머리 모양으로, 크게 벌린 입을 통해 팔이 나오도록 설계되어 있
다. 이러한 견갑장식은 고대 로마 군인 조각상에서도 발견되는데,
이들이 공통적으로 사자머리를 어깨에 달고 있다는 것이 예사롭

그림 29 헤라클레스   그림 30 알렉산드로스

그림 31 코모두스   그림 32 건달바

지 않다. 우리는 그리스 신화 속 헤라클레스가 네메아의 괴물사자
를 맨손으로 때려잡은 뒤 그 가죽을 벗겨 옷처럼 입고 다녔다는 신
화에 대해 잘 알고 있다. 그 후로 이러한 헤라클레스 코스튬은 그
리스·로마뿐만 아니라 전 세계로 전해져 헤라클레스의 힘과 영웅
적인 면모를 동경하는 자들의 인기 의장(意匠)이 되었다. 그리스의
알렉산드로스도, 로마의 폭군 코모두스도 헤라클레스 코스튬을
애용했으며, 불교 신장 가운데 하나인 거친 성격의 건달바(乾達婆)
도 헤라클레스식 사자머리 후드를 쓰고 있다. 그런가 하면 사자가
죽을 어깨에 걸친 나폴레옹의 조각상도 만들어졌는데 이는 지금
으로부터 불과 이백여 년 전의 일이었다. 아무튼 동서고금을 막론
하고 힘깨나 과시하고 싶어 했던 자들은 모두 헤라클레스인 양 사

자가죽을 뒤집어쓴 채 으스대고 싶었던 것인지도 모른다.

그런데 둔황의 사천왕은 이들처럼 헤라클레스 코스튬을 온전히 모방하고 있는 것이 아니라 극히 일부를 취해서 장신구로 사용하고 있다. 앞서 우리는 아프가니스탄 핫다 사원지에서 발견된 삼존불(三尊佛)의 우협시(右夾侍)가 바로 바즈라파니가 된 헤라클레스임을 확인한 바 있다. 이때의 헤라클레스는 본래의 모습 그대로에 어깨에는 사자가죽의 머리 부분을 걸치고 있었다. 오른손에 올리브 나무로 만든 몽둥이 대신 바즈라를 들고 있다는 것 이외에 이 형상이 헤라클레스임을 의심할 만한 구석은 한 군데도 찾아볼 수 없다. 그런데 그로부터 수 세기가 흐른 뒤 둔황 막고굴에서 발견된 당대(唐代)의 사천왕상에서 헤라클레스의 모습은 온데간데없이 사라져 버리고 어깨 위에 사자머리만 덩그러니 남아 있다. 둔황의 사천왕상은 갑옷으로 무장하고 있지만 동시대에 만들어진 금강역사의 근육 표현에 비추어 갑옷을 뚫고 나올 듯 우람한 근육질의 신체를 떠올리는 것은 그리 어려운 일이 아니다. 이러한 인체 조형 기법은 이전의 동아시아에서는 찾아볼 수 없는 것이어서 그 자체로 그리스·로마에서 전래된 양식임이 분명한데, 그 시절 이런 신체 표현을 동쪽으로 전한 장본인으로서 헤라클레스를 지목하는 데 있어 반대 의견은 없을 줄로 안다.

우리는 그리스 본토에서부터 페르시아를 거쳐 간다라 지방에 이르기까지 전라의 몸으로 한쪽 어깨에 사자가죽을 걸친 헤라클레스의 모습을 줄곧 보아 왔다. 그가 셀레우코스 왕조와 박트리아 왕국의 코인 속에 새겨질 때도, 파르티아 왕국에서 베레트라그

그림 33 막고굴 사천왕의 사자머리 견갑

그림 34 바즈라파니가 된 헤라클레스 어깨에 걸쳐진 사자머리 가죽

그림 35 헤라클레스

그림 36 당대의 금강역사

그림 37 고구려 사신총의 배불뚝이 무사

나와 접속하여 전승신으로 거듭날 때도, 더 나아가 아프가니스탄 핫다에서 붓다의 협시가 되어 있거나 간다라 사원에서 바즈라파니가 되어 있을 때조차도 그는 한결같이 벌거벗은 근육질의 몸에 사자가죽을 어깨에 걸친 모습을 하고 있었다. 그렇다면 비록 갑옷에 가려져 있지만 떡 벌어진 어깨에 잘록한 허리를 한 근육질의 몸에 더구나 사자머리 견갑을 어깨에 달고 있는 둔황의 사천왕은 다름 아닌 헤라클레스가 아닐까?

만약 그렇다고 할 때 페르시아의 전승신이 된 헤라클레스와 둔황의 사천왕이 된 헤라클레스 사이에는 메울 수 없는 간격이 존재한다. 그것은 전자가 헤라클레스의 외형적 특징을 그대로 간직하고 있음은 물론 정체성에 있어서도 본래 그리스의 영웅신 헤라클레스였음을 확인할 수 있는 데 반해, 후자는 헤라클레스의 정체성이 완전히 사라졌을 뿐만 아니라 외양 또한 중국 전설 속의 괴수 도철의 얼굴에 몸은 갑옷으로 무장한 전혀 다른 모습으로 탈바꿈했기 때문이다.

또한 같은 상징이라 해도 호탄 불두의 헤라클레스 매듭과 사천왕의 견갑은 그 의미상의 거리가 하늘과 땅만큼이나 멀다. 호탄에서 헤라클레스는 불두에 매듭을 남긴 채 불두 밖 어디론가 사라져 버렸지만 둔황에서 헤라클레스는 어깨 위에 사자머리를 남긴 채 다름 아닌 사천왕 내부로 흡수되어 사라져 버린 것이기 때문이다.

일찍이 페르시아의 전승신 베레트라그나와의 접속에서 헤라클레스는 동등한 위상을 얻었고, 핫다에서는 붓다의 협시 바즈라

그림38 도철의 얼굴(원 안)과 흡사한 귀면와

그림39 둔황의 사천왕상

파니가 되어 비록 위상은 낮아졌지만 외형만은 본래의 모습을 온전히 지키고 있었다. 그러나 둔황에서 마주한 사천왕과의 한판 승부에서는 의심할 여지없이 헤라클레스의 완패였다. 원정길에 오른 전사는 본토를 벗어나 멀어지면 멀어질수록 여러 면에서 불리해지게 마련이다. 그리스에서 페르시아와 중앙아시아를 거쳐 둔황에 이르는 머나먼 여정에서 헤라클레스의 기운은 많이 쇠해졌으며 여정 중에 이루어졌던 숱한 접속에 의해 정체성 또한 희미해질 대로 희미해져 있었다. 마침내 장구한 역사와 오랜 전통을 지닌 동아시아 문화와 맞닥뜨렸을 때 더 이상 버티지 못하고 그 기세에 제압당할 수밖에 없었으리라. 그렇게 헤라클레스는 둔황의 막고굴에서 사천왕 속으로 흡수되어 사라지고 말았다. 그렇다면 헤라클레스를 흡수한 둔황의 사천왕은 최후의 승자라고 할 수 있을까?

다시 말해 둔황의 사천왕은 그들의 정체성을 온전히 지켜 낼 수 있었던 것일까?

여기서 우리는 처음에 언급했던 문화의 융합현상에 대해 다시금 상기해 볼 필요가 있다. 융합이란 말 그대로 뒤섞이고 녹아들어 하나 됨을 의미하는바, 거기에는 필연적으로 변형이 따른다. 변형된다고 하는 것은 곧 원형의 상실을 의미하며 비록 어느 한쪽의 세력이 강하게 작용한다 할지라도 결국 상호 침투하고 흡수되므로 일방이 아닌 양방의 변형을 수반하게 된다. 이는 중심과 주변의 관계에서 발생하는 포획과 달리, 헤라클레스와 사천왕처럼 개체와 개체 간의 접속일 경우 더욱 그러하다. 그러므로 둔황의 사천왕은 전통적인 분노상(忿怒相)의 얼굴을 하고 몸은 전통 갑옷으로 감싸고 있지만 그 내면에는 먼 서방에서 온 이민족의 신들이 무수히 중첩되어 있는 것이다. 그리스와 페르시아 문화가 결합되어 탄생한 헬레니즘의 신들이, 인도 전통의 힌두교와 불교의 신들이, 그리고 도교의 역사(力士)와 괴수 도철 같은 동아시아 고유의 캐릭터들이 모두 중첩된 상태로서, 요컨대 둔황 막고굴 사천왕의 정체성은 온전한 하나가 아닌 그 자체로 '한 다발의 복수성'이다.

잡초예찬

애초에 알렉산드로스와 그의 후계자들은 그리스 문명을 세계에 이식하기 위해 정복지 곳곳에 그리스 도시를 건설했으며 그와 더불어 그리스 신들을 대거 정복지의 신도시로 이끌어 왔다. 이들이야말로 이민족의 땅에 그리스 문명을 이식하는 데 없어서는 안 될 중계 역할을 담당해야 했기 때문이다. 처음에 알렉산드로스의 계획은 성공적으로 이루어지는 듯했다. 동방의 여러 그리스 식민지에서 만들어진 주화만 보더라도 그 이면에 새겨진 수많은 그리스 신들은 곧 동방에서 획득했던 그리스인들의 승리와 영광이 얼마나 빛나는 것이었는지를 말해 주고 있다. 그러나 동일한 씨앗일지라도 접속한 토양에 따라 각기 차이 나는 식물로 자라는 것처럼 문화 역시 생명의 속성을 지니는지라 동방에 심어진 그리스 문명의 씨앗은 그리스 본토와는 사뭇 다른 형태의 꽃을 피우고 열매로 자라났다. 그러한 변화와 더불어 그리스 신들 역시 본모습을 점차 잃어 가기 시작했으며, 그러한 현상은 시간이 흐를 수록, 그리고 본토에서 멀어질수록 더욱 심화되어 갔다. 처음에는 단순히 지물(持物)이 바뀐다거나 의장(意匠)에 변화가 생기는 것처럼 경미한 변화를 수반했으나, 점차 변화의 강도가 더해져서 고유의 정체성을 상실하고 종교적 위상이 달라졌으며 종국에는 이민족의 문화 속으로 흡수되어 사라지기조차 했다.

그리스 문화를 전 세계에 이식하고자 했던 알렉산드로스의 의지에 가장 부합했던 신은 그리스 문화의 씨앗을 가장 멀리까지 운반해 간 헤라클레스였다. 그러나 실크로드를 타고 동아시아의 입구인 둔황에 이르렀을 때 더 이상 헤라클레스의 모습은 남아 있지 않았으며 그 누구도 헤라클레스의 이름을 기억하지 못했다. 그는 더 이상 그리스의 영웅신 헤라클레스가 아닌 단지 사자머리 견갑장식의 갑옷을 입은 사천왕의 신분으로 동아시아 전역으로 전파되어 갔던 것이다. 결국 그리스 문화를 전 세계에 이식하고자 했던 알렉산드로스의 꿈은 실현되지 못했다. 그렇다면 진정한 승자는 누구인가? 페르시아인가? 인도인가? 아니면 동아시아인가? 그에 대한 대답은 엉뚱하게도 멕시코 야키족의 은둔자 돈 후앙(Don Juan)이 말하고 있다.

"너의 오래된 식물(plants)에게 가서 빗물이 파 놓은 물길들을 살펴보라. 틀림없이 비가 식물의 씨앗들을 멀리까지 운반해 갔을 것이다. 그 물길들을 따라가 보면 씨앗이 흘러간 방향을 알게 될 것이다. 그 방향을 따라 가장 멀리 떨어진 곳에서 자라고 있는 식물을 찾아라. 그 두 식물 사이에서 자라는 '모든 악마의 잡초들'(all devils weed plants)이 네 것이다."

식물과 식물 사이의 간격은 까마득히 멀고 그 사이를 채우는
것은 잡초다. 정체성을 지우고 경계를 흐려 놓고 질서를 어지럽히
는 악마의 잡초! 잡초는 다른 것들 사이에서 자란다. 잡초는 직접
씨를 뿌린 것도, 손수 돌본 것도 아닌데 제 스스로 무성하게 자란
다. 그렇게 사정없이 자라서 동서사방 종횡무진 넘나들며 혈통을
오염시키고 순수를 더럽힌다. 알렉산드로스는 위대한 그리스 문
화를 동방에 이식했다. 그러나 그리스에서 가져다 심은 종자는 뿌
리내린 지역의 문화와 접속하여 다양한 잡종을 탄생시켰다. 그리
고 잡종은 또 다른 잡종을 만나 제2의 잡종을 낳기도 했다. 그렇게
잡종은 순종과 순종 사이에서 잡초처럼 증식하고 마침내 전 세계
를 덮어 버렸다. 잡초의 승리인 셈이다. 결국 세계를 제패한 것은
그리스 문화도, 페르시아 문화도, 인도 문화도, 그리고 동아시아
문화도 아닌 바로 잡종문화다.

2부

들뢰즈 철학으로 만나는
신들의 변신

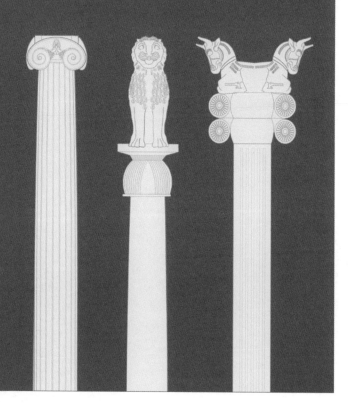

1장

신들의 정체성

신화의 시작에 신들은 없었다: 무한변이, 카오스

특정의 신화라는 영토가 구축되기 이전에 신들이 먼저 있었다.
아니, 신들이 있기 이전에 지혜와 용기, 힘과 아름다움, 선의와 관
용, 빛과 풍요에 대한 개념이 먼저 있었다. 그런가 하면 분노와 증
오, 애욕과 질투, 음모와 술책, 복수와 징벌에 대한 개념도 먼저
존재했다. 사실 이 용어들조차도 처음부터 의미가 결정되어 있었
던 것은 아니다. '언어는 끊임없이 하나의 언어 속에 다른 언어를
만들어 내는 연속적 변이(變移)와, 그에 따른 복수적이고 다양한
배치의 과정으로 파악되기 때문이다.'[1] 이러한 연속적 변이의 흐름
어느 지점에선가 마치 지층이 쌓이듯, 특정 의미를 얻어 굳어진

---

1   이러한 '연속적 변이'는 『천 개의 고원』 전체를 관통해 흐르고 있는 핵심사항이며, 언어
    이외의 모든 사상에도 예외 없이 적용된다. 우노 구니이치, 『들뢰즈, 유동의 철학』, 이정
    우·김동선 옮김, 그린비, 2008, 201쪽 참조.

것들이 바로 개별적인 언어이며, 그에 따르는 개념이 될 것이다.

　신들이 있기 이전에 정신적 요소들이 먼저 존재하고 있었던 것처럼 신들이 있기 이전에 다양한 조형적 이미지들도 먼저 존재했다. 서로 다른 외모와 체구들, 갖가지 무기들과 상징적 '지물'(持物)들, 머리와 몸에 착용하는 다양한 의복과 장신구들…. 그러나 그것들조차 처음부터 이상적인 조합을 이루고 있었던 것도, 특정의 개념과 접속하여 고정된 이미지를 획득하고 있었던 것도 아니다. 신화가 탄생하기 이전에 이렇게 형상을 얻지 못한 신화의 질료로서 다양한 개념들과 조형적 이미지들이 먼저 존재했다. 이들은 형상을 얻지 못했으므로 안정된 공간을 점유하지 못했다. 따라서 신화의 질료들은 자체 내의 강도와 속도만을 지닌 채 불안정하게 요동치는 카오스의 장을 형성하고 있었다.

　이는 마치 유목민의 영토가 유목 이전에 펼쳐져 있는 고정불변의 장소가 아닌 것과도 같다. 유목민의 영토에는 정착민의 영토처럼 생활을 규제하는 규칙과 질서가 우선적으로 존재하지 않는다. 정착민들이 일정하게 구획된 공간을 행적으로 재현해 가는 반면 유목민들은 담도 도로도 없는 무규정의 공간에서 이동과 정지의 여정을 병치해 가며 스스로 거주지를 만들어 간다.[2] 따라서 영토의 위상이 정해지기 이전에 유목의 발걸음이 먼저 있었다. 유목의 시원에서 북적대는 유목민의 발걸음들처럼 신화가 있기 이전

2　Deleuze et Guattari, *Mille plateaux, Editions de Minuit*, 1980, pp.471~474; 『천 개의 고원』, 김재인 옮김, 새물결, 2001, 729~734쪽 참조.

에 신화를 구성하는 개개의 요소들은 낱낱이 분리되고 단절된 기계부품처럼 산만하고 무질서하게 북적대고 있었다.

이렇듯 무수한 정신적 요소들과 조형적 요소들이 빠른 속도로 뒤엉켜 흐르고 있는 카오스의 장에서 다양한 횡적 접속이 이루어졌다. 에게해를 둘러싼 해안지형과 접속한 신화의 질료들은 보다 인간적인 특성을 지닌 신들을 대거 양산해 내었으며 이른바 오리엔트 지역이라 불리는 에게해 동쪽의 대륙에 접속한 신화의 질료들은 매우 강력한 종교의 블랙홀 속으로 빨려 들어갔다. 이처럼 지역 여하를 막론하고 신들은 처음부터 고정된 정체성이 확보된 상태는 아니었다. 신들을 구성하고 있는 낱낱의 여러 요소들은 자체적인 강도와 속도에 의한 생성변화와 외부 환경과의 접속에 의한 변용을 겪으며 각기 특성을 갖춘 캐릭터로 서서히 굳어져 갔다.

신들의 정체성이 어느 정도 결정된 뒤에도 연속되는 사건 속에서 접속과 변용의 테마는 이어졌으며 그때마다 신들의 정체성에 변화가 발생하거나 새로운 요소들이 첨가되기도 했다. 그리고 시간이 흐르면서 그중 어떤 요소는 강도를 더해 크게 부각되었는가 하면 어떤 요소는 힘을 잃고 점차 사위어 가기도 했다. 또한 어느 공간과 접속하는가에 따라서도 그 양상은 천차만별로 달라졌다. 이처럼 고정불변의 이데아가 아닌 다양성과 유동성을 본성으로 하는 그리스 신들은 알렉산드로스를 따라 동방으로 진출하면서 역시 그들처럼 다양성과 유동성을 본성으로 하는 지역신(地域神)들과 접속하게 된다. 그렇게 다양한 이방신들과의 접속을 통해 변용을 거듭하면서 그리스 신들은 그들의 정체성을 더욱 증식시켜 갔으며, 그와 더불어 신들의 이야기 역시 기존에 구축된 내용에서 탈주하여 끊임없이 새로운 이야기를 창조해 갔다.

요컨대 신화의 서막에 신들은 없었다. 애당초 신화를 구성하는 온갖 질료들이 스프처럼 뒤섞여 흐르는 카오스의 장에 규정된 것이라곤 아무것도 없었다. 전체성, 동일성, 인과성, 사물성 따위는 존재하지도, 존재한 적도 없었다. 단지 무한히 빠른 속도로 회오리치는 카오스의 소용돌이만이 지각 불가능한 존재의 근원으로서 존재했으며, 카오스의 소용돌이를 쪼개서 드러나는 단면들만이 일시적이고 부분적이지만 유일하게 확실하고 지각 가능한 상태로 존재해 왔다. 하여 시작은 늘 중간 어디쯤에 있다. 그래도 모든 이야기는 시작되어야 하기에 카오스의 소용돌이는 절단되어야만 한다. 그렇게 우리가 만나는 신들의 여정은 그리스에서 구축된 신들에서부터 시작된다.

하나이며서 여럿인: 다양체

제우스는 신들의 왕이자 천공계를 다스리는 하늘의 왕이기도 했으며 인간세계의 법규와 행정에도 관여했다. 또한 그는 막강한 거인족인 티탄(Titan)들을 굴복시킨 무적의 용사이자 신들과 인간들을 돕는 자비의 신이기도 했던 반면 자신의 권위에 도전하거나 거역하는 자들을 사정없이 응징하는 복수의 신이기도 했다. 그런가 하면 헤라 여신을 정실로 두었음에도 불구하고 다른 여신들은 물론 님프(요정)건 여인이건 수단방법을 가리지 않고 접근해 애욕을 채우는 호색한이기도 했다. 그 결과 제우스에게서는 모계가 다른 자식들이 숱하게 태어났다. 그중에는 아폴론이나 아테나처럼 순수 신족의 혈통이 있는가 하면 헤라클레스나 페르세우스 같은 반신반인(半神半人)의 혼혈도 있었다.

한편 제우스의 아들 아폴론 역시 상당히 복잡한 정체성의 소유자로 제우스와 레토의 사이에서 쌍둥이 여동생 아르테미스와 함께 태어났다. 아폴론은 시, 음악, 예언, 의술, 궁술, 법률 등을 두루 관장하는 신으로, 고대 그리스의 이상이라 할 수 있는 로고스(logos)의 이념을 한 몸에 담고 있는 이성의 상징이기도 하다. 이토록 빼어난 지성과 다양한 재능을 겸비한 아폴론 역시 아버지 제우스처럼 잔인한 복수의 화신이기도 했으며, 그리스 신화 속에 숱한 애증의 드라마를 수놓은 호색한이기도 했다. 그중에서 가장 유명한 신화로는 단연 다프네와의 비극적인 사랑을 꼽을 수 있을 것이다. 아폴론은 기원전 5세기 이후로는 태양신 헬리오스와 동일시되어 태양신으로도 불리게 된다.

누구보다도 인간들의 사랑을 한 몸에 받아 온 헤라클레스 또한 다재다능한 특성과 파란만장한 일생을 통해 매우 복잡하고 다양한 정체성을 구축해 온 신들 가운데 하나이다. 우리가 익히 알고 있듯이 헤라클레스는 아버지 암피트리온과 어머니 알크메네의 사이에서 태어났으나 그의 진짜 아버지는 변신술을 써서 알크메네와 하룻밤을 보낸 신들의 왕 제우스였다고 한다. 그렇게 해서 헤라클레스는 신과 사람의 유전자가 반씩 섞인 반신반인으로 태어났으나, 사후에는 제우스의 예언대로 신들의 반열에 오르게 된다. 헤라클레스는 타고난 장사였다고 하며, 그의 초인적인 힘은 갓난아기였을 때 제우스의 아내 헤라가 보낸 두 마리의 뱀을 양 손아귀에 쥐어 압사시켰던 일화가 단적으로 말해 주고 있다. 특히 네메아의 괴물사자를 죽인 이후로는 그의 괴력을 상징하듯 사자가 죽을 통째로 벗겨 머리에 쓰거나 어깨에 두르고 다닌 것으로 유명하다.

그리스 신화 속에 묘사된 헤라클레스상과 그의 행적들을 종합해 보면 무엇보다도 그는 초인적인 괴력을 지닌 대담하고 용감무쌍한 천하무적의 용사라는 것을 알 수 있다. 또한 불굴의 의지로 어떠한 난관도 헤쳐 나가는 투지의 소유자이며, 난제에 직면해서는 지혜와 기지를 발휘할 줄도 아는 다재다능한 일면을 보여 주기도 한다. 또한 사악한 요괴나 짐승들은 가차 없이 처단하는 반면, 의로운 사람이나 곤경에 처한 자들은 기꺼이 돕는 정의와 동정심 또한 갖추고 있다. 그런가 하면 헤라의 계략에 넘어가 자식들을 모두 죽이고 비통함에 젖어 울부짖는 지극히 인간적이고 나약한 면모를 보이기도 한다.

제우스와 아폴론, 그리고 헤라클레스의 예를 통해서 알 수 있듯이 이데아처럼 고정불변하는 하나가 아닌, 사건과 더불어 시시때때로 달라지는 유동적이고 가변적이고 복수적인 정체성을 '다양체'(multiplicité, multiplicity)라고 한다. 그러므로 다양체는 이데아의 대체물이라 할 수 있다. 이데아가 자리하는 존재의 근원에 차이들이 끊임없이 생성됨을 의미하는 '차이생성'[3]을 놓을 때 고정불변의 이데아는 다양체로 대체된다. 그러므로 다양체는 이데아처럼 선(先) 존재하는 하나가 아니고, 차이생성의 운동에 의해 구축되는 여럿이다. 또한 이렇게 구축된 다양체는 이데아처럼 고정불변하지 않으며 해체되고 다시 구축되기를 반복한다.

다양체의 이러한 유동성과 가변성, 그리고 복수성은 유목민의 영토성에서도 찾아볼 수 있다. 정주민의 영토는 정주민의 생활 이전에 미리 주어지며, 그 공간을 지배하는 규칙과 질서 또한 미리 결정되어 있다. 그 공간에는 명확한 구분이 있으며, 또한 각각의 공간에는 따라야 할 규칙과 질서가 정해져 있다는 것이다. 그리고 정주민은 각각의 공간에 주어진 규칙과 질서를 따라 그들의 삶을 영위해 간다. 어떤 공간에서는 잠을 자고, 어떤 공간에서는 일을 하며, 어떤 공간에서는 이동을 한다. 반면 유목민의 터전에는 아무것도 정해져 있는 것이 없다. 그들이 정착하기 전에 미리 존재하는 것도, 그들이 떠난 후에 남아 있는 것도 없으며, 오로지 그들이 이동하고 정지하는 움직임을 따라 그들의 거주공간은 물론, 그 공간에 따르는 규칙과 질서 또한 구축되고 해체되기를 반복할 뿐이다.

따라서 정주민의 영토적 특성이 미리 규정된 공간의 규칙과

---

3   차이생성(différentiation, 差異生成) 이론은 동일성이 차이를 낳는 서구 전통 존재론에 반대하여, 차이의 발생을 기반으로 동일성의 구축을 논하는 생성론 계열의 철학으로, 들뢰즈 고유의 존재론이라고 할 수 있다. 그러므로 유목 이전에 주어져 있는 것이 아닌, 유목의 과정에서 유목민 스스로 영토를 구축하기도 하고 해체하기도 하는 유목론의 원리는 곧 차이생성 이론의 상징이라 할 수 있다.

질서를 행동으로 재현하는 것이라면, 유목민의 영토는 이동과 정착으로 점철된 여정을 통해 스스로 거주공간과 그 공간을 지배하는 규칙과 질서를 창조해 가는 것이다. 삶 이전에 먼저 존재하며, 주민들의 삶의 형태를 결정짓는 정주민의 영토가 고정불변의 이데아를 갖는다고 할 때, 이동과 정착으로 점철되는 여정이 우선하며, 그로부터 일시적이고 가변적인 거주공간이 무수히 구축되는 유목민의 영토는 생성변화하는 다양체라고 할 수 있다. 이처럼 거주지 이전에 이동이 먼저 있고, 이동에 따라 거주지의 위상이 수시로 바뀌는 유목민의 영토는 그 자체로 다양체의 유동성과 가변성, 그리고 복수성을 상징한다.

신들 역시 복수의 다양체를 본성으로 하므로 그 자체로 여러 개의 정체성을 지니게 되며, 그 정체성은 특정 사건과 더불어 발현되므로 유동적이고 가변적인 특성을 띠게 된다. 그러므로 신들의 정체성은 시시각각 변한다. 제우스는 어떤 사건 속에서는 신들의 왕으로 나타나며, 또 다른 사건 속에서는 천공의 신으로서의 면모를 보이기도 한다. 때로는 인간세계의 법과 행정에 적극 관여하는 모습으로 등장하기도 하고, 때로는 자신의 적들에 용감히 맞서 싸우는 전사의 모습을 보여 주기도 한다. 한편 자신의 심기를 거스르는 자들에게 혹독한 응징을 가하는 잔혹한 일면을 드러내기도 하는가 하면, 주체할 수 없이 격렬한 감정에 휩싸여 숱한 애증의 드라마를 연출하기도 한다.

이처럼 제우스의 정체성을 드러내 주는 측면들은 무수히 많다. 하지만 다양한 측면들을 아우르는 하나의 정체성은 없으며 그

중 어느 한 측면이 제우스의 정체를 대변하지도 않는다. 우리는 '거인족과의 전쟁'[4]에 임해 올림포스의 모든 신들을 통솔하는 제우스의 모습에서 신들의 왕으로서의 정체성을 확인할 수 있으며, 뇌정을 휘둘러 비구름을 모으고 천둥번개를 일으키는 모습에서 천공의 신으로서의 면모를 느낄 수 있다. 또한 자신의 권위에 도전하는 신들과 괴수들, 그리고 인간들을 가차 없이 응징하는 사건들을 보며 잔혹한 정체성의 일면을 알게 되고, 온갖 계모와 술수를 동원해 여신들과 님프들, 그리고 여인들에게 접근하는 모습에서 추한 호색한으로서의 정체성을 발견하기도 한다.

아폴론 역시 그를 정의하는 고정불변의 정체성은 없다. 어떤 사건 속에서는 음악의 신으로, 또 다른 사건 속에서는 태양의 신으로 등장하며, 때로는 법률, 언어, 문자, 예언, 의술, 궁술 등을 관장하는 신으로서 다재다능한 면모를 보이기도 한다. 그의 정체를 밝혀 주는 호칭만큼이나 그를 떠올리게 하는 이미지 또한 다양하다. 옴파로스 위에 앉아 있는 아폴론, 월계수 가지로 엮은 관을 머리에 쓴 아폴론, 화살통을 어깨에 둘러맨 아폴론, 다섯 줄의 리라를 연주하는 아폴론, 델포이 신전을 찾는 인간들에게 신탁(神託, oracle, 인간사에 개입하는 신의 의지)을 내려 주는 예언자 아폴론, 중용과 절

---

4 그리스 신화에 등장하는 신들과 거인족(Titan)의 전쟁은 복잡한 사건들로 얽혀 있지만 한마디로 하늘의 신 우라노스와 대지의 여신 가이아가 낳은 티탄들과 그 후대인 올림포스 신들 간의 권세다툼이라 할 수 있다. 이 싸움은 제우스를 위시한 올림포스 신들의 승리로 끝났으며 티탄들은 깊은 지하세계인 타르타로스에 갇히게 되는데, 그중 우리의 이야기 1부, 「차이를 만든 접속: 신들의 변신」에 등장하는 아틀라스의 경우, 영원히 천공을 지는 형벌을 받게 된다.

제의 미덕을 권장하는 이성의 신 아폴론, 자신의 어머니 레토를 괴롭히던 뱀 피톤(Python)을 물리치는 용맹한 아폴론, 그런가 하면 자신의 권위에 도전하는 마르시아스에게 산 채로 살가죽을 벗기는 형벌을 내리는 잔인한 아폴론.[5] 그리고 아버지 제우스처럼 숱한 애정행각을 벌이고, 애증의 감정에 동요되어 울고 웃으며, 때로는 모함하고, 보복하고, 권모술수를 부리는 지극히 인간적인 아폴론, 그는 네 마리 말이 끄는 황금빛 하늘마차를 타고 동쪽 끝에서 서쪽 끝으로 쏜살같이 달리고, 헤르메스에게서 받은 악기 리라를 연주하여 인간들의 마음을 정화시키고, 쌍둥이 여신 아르테미스와 숲을 누비고 다니며 목표물에 화살을 쏘아 맞히고, 절규하며 달아나는 다프네의 뒤를 쫓는다.

그리스 신화에 등장하는 신들 중에서 가장 복잡한 정체성의 소유자를 꼽으라 한다면 헤라클레스를 빼고는 거론할 수 없을 것이다. 그만큼 헤라클레스를 둘러싸고 발생한 사건들은 헤아릴 수 없이 많다. 그는 제우스가 알크메네에게 접근하는 사건을 통해 반신반인으로 태어났으며, 제우스가 훗날 신이 되어 올림포스에 등극하리라고 예언하는 사건을 통해 신이 되었다. 한편 복수심에 불타는 헤라 여신이 어린 헤라클레스의 방으로 두 마리의 뱀을 들여

---

5   어느 날 아테나 여신이 버린 쌍피리를 주운 마르시아스는 연주법을 익혀 훌륭한 소리를 낼 수 있게 되자 자신이 음악의 신 아폴론보다 악기 연주를 잘한다고 큰소리 치고 다녔다. 그 말을 전해 들은 아폴론은 마르시아스에게 내기를 걸고, 마르시아스는 피리를, 그리고 아폴론은 자신의 악기인 리라를 연주했다. 마침내 심판관인 뮤즈들로부터 승리를 판정받은 아폴론은 마르시아스를 나무에 묶고 시종을 시켜 산 채로 가죽을 벗겼다고 한다.

보내자 그것을 양 손아귀에 쥐어 압사시킨 사건, 그리고 18세에 양 떼를 해치고 다니는 키타이론의 사자를 맨손으로 때려잡았던 사건을 통해서는 그가 타고난 '천하장사'임을 알 수 있다. 그런가 하면 헤라의 저주로 광인이 되어 자식들을 모두 죽이고, 고통에 몸부림치며 스스로 죽기를 결심하는 사건에서는 인간으로서 피할 수 없는 운명의 무게를 엿볼 수 있으며, 고통을 억누르고 아폴론 신전에서 신탁을 구하는 사건에서는 신의 권능에 운명을 맡기는 인간의 나약한 심리를 발견하기도 한다.

그렇게 아폴론에게 신탁으로 부여받은 12가지 과업은 하나같이 힘세고 사나운 괴수들을 대적하거나, 아니면 좀처럼 손에 넣기 어려운 것들을 구해 오는 것이었다. 그러나 헤라클레스는 초인적인 힘과 불굴의 용기, 그리고 지혜와 기지를 발휘하여 모든 역경과 난관을 헤치고 마침내 주어진 12가지 과업을 완수하게 되는데, 이 과업이야말로 훗날 헤라클레스를 '무적의 영웅'으로 정체 지우는 결정적인 사건으로 자리매김된다. 또한 독수리에게 간을 쪼아 먹히는 프로메테우스처럼 곤경에 빠진 이들을 돕는 사건,[6] 마을을 습격하여 난동을 부리고, 여인들을 납치하는 괴수 켄타우로스를 처단하는 사건 등을 통해 '정의의 용사'로서의 면모를 유감없이 발

---

6   인간을 위해 헤파이스토스의 대장간에서 불을 훔친 프로메테우스는 제우스 신의 노여움을 사서 코카서스 바위산에 쇠사슬로 묶인 채 독수리에게 간을 쪼아 먹히는 형벌을 받게 되는데, 간은 매일 재생되어 프로메테우스의 고통도 계속되었다. 그렇게 3만 년이 지난 뒤 헤라클레스가 독수리에게 활을 쏘아 맞히자 비로소 프로메테우스는 고통에서 해방되었다고 한다.

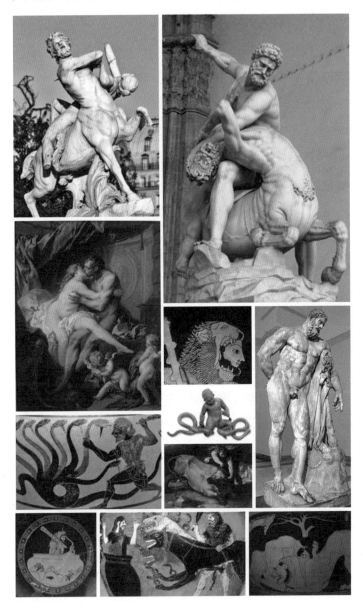

휘하기도 한다. 그런가 하면 헤라클레스는 몹시 과격하고 충동적인 성격의 소유자로 술에 취해 무고한 이들을 때려 죽이기도 하고, 숱한 치정사건을 남발하기도 한 것으로 유명한데, 이러한 사건들은 세간에서 헤라클레스를 정의하는 '무적의 영웅이자 정의로운 용사'라고 하는 드러난 정체의 이면에 감춰진 또 다른 정체의 일면에 대해 말해 준다. 이렇게 헤라클레스의 정체성은 사건과 더불어 변화무쌍하게 전개될 뿐 그를 정의하는 하나의 정체성은 없다. 대신 숱한 사건 속에서 발현되는 서로 다른 호칭, 서로 다른 이미지와 스타일이 고정불변한 단 하나의 정체성을 대신한다. 요컨대 신들의 정체성은 다양체다.

모든 얼굴이 잠재되어 있는 단 하나의 면: 내재면

정체성은 사건과 더불어 발생하고 그때 비로소 뚜렷한 얼굴을 얻는다. 그러나 그 얼굴은 하나가 아닌 서로 다른 모습을 한 여러 개의 얼굴이다. 그중 하나의 얼굴이 현실의 표면 위로 드러나면 나머지 얼굴들은 표면 아래로 숨는다. 제우스가 왕좌에 앉아 신들의 왕으로서 권위를 드러내면 그의 다른 얼굴들은 일제히 왕좌의 아래로 물러나 자신의 얼굴을 감춰 버린다. 그가 천공의 신으로서 뇌정을 휘두를 때도 역시 다른 얼굴들은 천공의 신 배후로 사라져 그 모습을 찾아볼 수 없게 된다. 왕좌를 빼앗길까 두려워 갓 태어난 자신의 딸 아테나를 삼켜 버린 졸렬한 얼굴도, 주체할 수 없이 끓어오르는 색정에 못 이겨 님프와 여인들을 뒤쫓는 추한 얼굴도, 모두 천공의 신 배후로 사라져 얼굴을 잃어버린다. 그러나 이때의 사라짐은 제우스 내부에 잠재되어 현실의 표면 위로 드러나지 않는 것일 뿐, 제우스 밖으로 사라져 증발해 버리는 것이 아니다. 이처럼 잠재되어 있다고 하는 것은 아직은 현실로 드러나 있지 않지만 언제든지 현실로 구현될 수 있는 얼굴들이 존재 자체에 내재되어 있는 상태를 말한다.

제우스의 드러난 얼굴 뒤에 감춰진 얼굴들처럼 존재의 근원이 존재 자체에 내재해 있다고 보는 사유를 내재성의 사유라고 한다. 내재성의 사유는 서구 전통의 지배적 사유체계라 할 수 있는 초월성에 반대한다. 초월성의 사유는 공통적으로 근원을 정초하고 있으며 그 근원을 존재를 초월한 곳, 다시 말해 존재 밖에 두고 있다. 현상세계의 근원이 되는 이데아, 피조물을 창조하는 신, 대상을 인식하는 주체…, 이처럼 이원적으로 양분된 초월성의 사유에서는 존재에 있어 근원과 파생이 갈리고 주와 종의 질서가 세워진다. 또한 이러한 이원적 요소들은 양립할 수 없는 것으로, 오직 하나의 부정을 통해서만 다른 하나가 긍정된다. 이는 이데아와 현상, 신과 피조물, 주체와 대상은 늘 함께 말해지지만 정작 어느 하나가 존립하려면 다른 하나는 부정되어야 한다는 것을 의미한다. 다시 말해 현상세계는 이데아가 아닌 현상세계이며, 피조물은 신이 아닌 피조물이고, 대상은 주체가 아닌 대상이라는 것이다.

반면 자신 밖에 따로 외부가 없으며 자신 이외에 어떠한 근거도 외부에서 찾지 않는 내재성의 사유에 있어 모든 존재는 그 자체로서 긍정된다. 그러므로 내재성의 사유에서는 더 이상 근원과 파생이 갈리고, 부정을 통해 긍정으로 나아가는 이원적 사유체계를 필요로 하지 않으며, 그 대신 이원론이 내포하는 중심주의와 이항 대립 없이 모든 존재가 평등하게 존립가능한 단 하나의 존재면이 요구된다. 그리하여 들뢰즈는 플라톤의 이데아가 차지했던 존재의 중심에 고르고 매끈한 면(plan/plane) 하나를 세운다. 이 면은 선과 후, 중심과 주변, 근원과 파생, 원인과 결과로 굴곡진 홈이 없이 고르게 평탄하며, 따라서 이 면 위의 모든 존재에는 동일한 위계가 부여된다. 들뢰즈는 이 면을 존재를 초월해 있는 면이 아니라는 의미에서 내재면(plan d'immanence/plane of immanence)이라고 부른다. 내재면은 존재 밖에 펼쳐져 있는 '부동의 초월면'이 아닌 그 자체로 생성변화하는 차이와 힘들로 충만한 '역동적인 생성면'이다. 그러므로 내재면은 곧 차이생성의 운동으로 다양체들이 발생하는 차이생성의 장이라고도 할 수 있다. 그러나 내재면은 하얀 도화지처럼 그림으로 채워지기를 기다리며 펼쳐져 있는 부동의 텅 빈 공간이 아니다. 내재면은 '그 자체로 충만한 내재면이자 동시에 구축되어야 할 내재면이다'.[7] 무엇으로 충만해 있는가? 차이생성의 움직임으로 충만해 있다. 무엇으로 구축되는가? 다양체로서 구축된다.

그러므로 내재면은 차이생성의 운동 이전에 펼쳐져 있는 공간적 구조가 아니다. 그와 달리 내재면은 다양체를 생성하는 차이

---

7 질 들뢰즈, 『들뢰즈가 만든 철학사』, 박정태 옮김, 이학사, 2007, 119쪽.

생성의 흐름 그 자체라고 할 수 있다. 그러나 차이생성의 흐름은 단일하게 연속되는 흐름이 아닌 무수한 계열(séries/series)들이 중층의 구조를 이루고 있는 다중적인 흐름이라고 할 수 있다. 말 그대로 촘촘한 관계의 그물망인 장(場)을 형성하고 있다는 것이다. 따라서 내재면은 그 자체로 비조직화된 카오스의 상태에 있지만, 그렇다고 해서 막연한 혼돈이나 단순한 무질서의 상태가 아닌 계열이 헤아릴 수 없이 많기에 중첩되어 무분별하게 보이는 상태를 말한다. 이는 한정된 유목공간에 다양한 유목경로가 무수히 중첩되어 누층을 이루고 있는 것과도 같다. 이처럼 유목경로의 중첩이 반복될 때, 비록 일정한 유목경로를 따라 이동했다 해도 유목민의 발걸음 하나하나가 남긴 발자국들은 동서사방으로 무질서하게 북적대는 카오스의 상태를 나타내게 될 것이다.

마찬가지로 제우스라고 하는 하나의 내재면은 그를 정체지우는 다양한 사건들의 중첩으로 카오스의 상태를 이루고 있다. 그러나 이때의 카오스 역시 아무렇게나 뒤섞여 무질서한 상태가 아닌, 사건들을 발생시키는 요소들 간의 접속계열이 무수히 중첩되어 구별이 불가능해진 상태를 의미한다. 제우스가 올림포스 궁전의 옥좌와 접속하여 신들의 왕으로서 권위를 드러내는 사건, 뇌정과 접속하여 천둥번개를 일으킴으로써 천공신의 파워를 드러내는 사건, 갓 태어난 아테나와 접속하여 왕좌를 빼앗길지도 모른다는 두려움에 아기를 통째로 집어삼키는 사건,[8] 숱한 여인들과 접

---

8 아테나 여신의 탄생신화를 보면, 아테나는 신들의 왕 제우스와 지혜의 여신 메티스 사이

속하여 애정행각을 벌임으로써 호색한의 얼굴을 드러내는 사건, 그 밖에 제우스의 정체성을 구성하는 무수한 접속의 계열들은 제우스라는 하나의 내재면에서 중첩에 중첩을 이루며 잠재해 있다. 그리하여 제우스의 정체성을 드러내 주는 개개의 얼굴들은 알아볼 수 없이 뒤섞여 회색의 소용돌이를 이루는 카오스의 상태에 있다.

이처럼 존재의 바탕을 이루는 내재면에는 무수한 얼굴들-다양체들이 잠재해 있지만 내재면에서 이들의 정체는 결코 드러나지 않는다. 정체성이 확인되는 것은 내재면에 잠재된 다양체들 중 하나가 구체적인 접속을 통해 현실로 구현될 때뿐이다. 그러나 이때 현실로 구현되지 못한 다른 다양체들은 일제히 내재면에 잠재되어 얼굴을 숨긴 상태이다. 이는 유목공간에 제아무리 많은 유목 경로가 잠재해 있다 해도 실제로 유목민의 발걸음이 대지와 접속하여 현실로 구현해 내는 경로는 단 하나인 것과도 같다. 그러므로 우리는 어떠한 경우에도 결코 제우스의 전모를 확인할 수 없다. 제우스의 수많은 얼굴들 중 하나의 얼굴이 현실의 표면 위로 떠오르면 다른 얼굴들은 빠르게 회오리치는 회색의 소용돌이에 휩싸여

에서 출생했다. 그녀는 아버지인 제우스에게서 힘과 용기를, 그리고 어머니인 메티스에게서 지혜를 물려받아 힘과 용기와 지혜를 두루 겸비한 훌륭한 군신으로 태어났다. 그러나 아테나가 자신보다 더 지혜로우리라는 예언을 들은 제우스는 아테나가 태어나자마자 그녀를 통째로 삼켜 버렸다. 아테나가 자라서 자신의 왕좌를 빼앗을까 두려웠던 것이다. 그러나 지혜로운 아테나는 제우스의 머릿속으로 들어가 소란을 피우고, 두통을 견디지 못한 제우스가 대장장이의 신 헤파이스토스로 하여금 도끼로 머리를 가르게 하여 아테나가 세상에 나오게 되는데, 그렇게 아테나는 제우스의 머리에서 완전무장한 채로 태어났다고 한다.

지각불가능하게 되기 때문이다. 만약 또 다른 얼굴이 구축되어 현실의 표면 위로 솟아오른다 해도, 역시 나머지 얼굴들은 내재면으로 사라져 얼굴을 잃어버리게 될 것이다. 이로써 알 수 있듯이 존재의 바탕이 되는 내재면은 이데아처럼 고정불변의 실체가 아니며, 그와 반대로 수많은 얼굴들-다양체들이 구축되기도 하고 해체되기도 하는 차이생성의 장이다. 또한 내재면은 차이생성의 움직임들로 북적대는 카오스의 장이기도 하며, 언제든지 현실의 표면 위로 솟아오를 수 있는 얼굴들이 무수히 잠재해 있는 잠재성의 장이기도 하다. 요컨대 내재면은 차이생성의 장이자 카오스의 장이며 동시에 잠재성의 장이다.

내재면의 또 다른 이름: 신체와 탈기관체

내재면은 신체(體, corps, body)에 비유할 수 있다. 그것은 동물일 수도, 영혼이거나 관념일 수도, 언어 신체나 사회 신체일 수도 있다. 즉 내재면은 모든 존재, 삶, 사유를 아우르는 신체라고 할 수 있다. 신체는 그 자체로 아무리 작다 해도 무한한 입자들을 포함하고 있으며 입자들 간의 운동과 정지, 빠름과 느림의 관계로 신체의 정체와 개별성을 정의한다.[9] 신화를 하나의 신체로 놓고 볼 때, 그 신체 안에는 여러 나라, 혹은 여러 민족의 신화가 포함되

---

9   들뢰즈, 『들뢰즈가 만든 철학사』, 116~128쪽 참조.

어 있으며, 여러 나라, 여러 민족의 신화에는 다시 다수의 개별적인 신화들이 포함되어 있다. 예를 들어 그리스 신화에는 제우스 신화, 아폴론 신화, 헤라클레스 신화 등, 특정 신들이 주역이 되는 개별적인 신화들로 채워져 있다는 것이다. 또한 개별적인 신화들 내부에도 신화의 질료로서 다양한 구성요소들과 그것들이 접속을 통해 빚어내는 각종 사건들로 채워져 북적대고 있다.

이처럼 신화라고 하는 신체의 양태는 가장 큰 범주에서부터 가장 작은 세부 요소에 이르기까지 겹겹이 포함되고 중첩되어 누층을 이루고 있다. 그러므로 신체는 그 자체로 아무리 작다 해도 무한한 입자들을 포함하고 있으며 그 입자들 간의 접속운동 여하에 따라 서로 다른 개별성의 윤곽이 형성된다. 다시 말해 제우스 신화를 구성하고 있는 여러 사건들에 의해 제우스 신이라고 하는 '한 다발의 정체성'이 결정된다는 것이다. 여기서 한 다발이라고 표현한 것은 정체성이란 하나가 아닌 여럿, 즉 다양체이기 때문이다. 제우스 신화라고 하는 신체를 구성하고 있는 구성요소들 간의 접속여하에 따라 제우스의 정체성은 신들의 왕이 되기도 하고, 천공의 신이 되기도 하며, 때로는 용감한 전사가 되기도 하고, 때로는 추한 호색한이 되기도 한다. 이처럼 신들의 정체성은 신화 속에 전개되는 수많은 사건과 더불어 발생하므로 고정불변하는 하나가 아니다. 마치 웅성거리는 한 무리의 벌떼처럼 끊임없이 모양과 위치를 바꾸며 요동치는 불확정성의 구조물이 다름 아닌 정체성의 본 모습이다.

한편으로 벌떼처럼 요동치는 입자들을 자체적으로 포함하고 있는 신체는 역시 한 무리의 벌떼처럼 요동치는 다른 신체와 접속하여 상호작용을 통해 상대를 변용시키기도 하고 스스로 변용되기도 한다. 이렇게 신체에 있어 자체적으로 요동치는 전자를 경도(經度)로, 상호작용하는 후자를 위도(緯度)로 하는 지도 그리기가 이루어지는데, 지도 그리기, 즉 카르토그라피(cartographie/cartography)에는 재현해야 할 원본이 존재하지 않는다. 따라서 지도는 언제나 가변적이며 개체와 집단에 의해 끊임없이 개조되고 건설되면서 하나의 내재면을 구성해 간다.[10] 마찬가지로 차이생성으로 요동치는 신화의 신체 역시 차이생성으로 요동치는 다른 신화의 신체들과 상호작용하면서 마치 원본 없는 지도를 그려 가듯이 끊임없이 새로운 신화를 창조해 간다. 제우스 신화라는 특정의 신체에는 신화의 주역인 제우스가 신화를 구성하는 수많은 요소들과 더불어 빚어내는 무수한 사건들로 북적대고 있으며, 한편으로 다른 여러 신화의 신체들과 상호작용하며, 유사하지만 다양한 차이를 동반한 또 다른 신화들을 발생시킨다.

예컨대 제우스 신화에 등장하는 '신들의 전쟁'은 아테나 신화에도 등장하고, 아틀라스 신화에도 등장하며, 그 밖에 다른 신들의 신화 속에도 등장한다. 이처럼 여러 신들의 이야기 속에 등장하는 관련 사건들의 조합이 그 자체로 '신들의 전쟁'이라는 하나의 신체를 구성하고 있으며, 또한 각각의 신화들마다 차이를 보이는 사건들을 통해 부단히 개조되고 건설되면서 '신들의 전쟁'이라는 신화

---

10 앞의 책, 116~128쪽 참조.

의 지도를 그려 나간다. 그러므로 처음부터 완성된 신화는 존재하지 않는다. 또한 하나의 완성을 향해 나아가지도 않는다. 그저 차이를 지닌 다수의 관점들이 모여 다소 모호한 상태로 공통된 하나의 정체성을 구축해 갈 뿐이다. 마치 부단히 속도와 위치를 바꿔가며 웅성거리는 한 무리의 벌떼처럼, 신화라고 하는 하나의 신체는 그 자체를 구성하고 있는 개별적 신화들 간의 상호작용으로 요동치면서 끊임없이 새로운 신체, 새로운 내재면을 구축해 간다. 요컨대 끊임없이 새로운 신화를 창조해 간다.

내재면은 한마디로 유목민의 영토와도 같다. 고정적인 정주민의 영토와 달리 늘 물과 풀을 찾아 이동하고, 이동에 따라 거주공간이 달라지는 유목민의 영토는 유동적이고 가변적인 속성을 갖는다. 조직적이고 유기적으로 구조화된 정주민의 영토에는 그들의 삶을 구속하는 규정과 질서가 존재하는 데 반해, 유목민의 영토에는 그들을 구속하고 그들이 따라야 하는 어떠한 규정도, 질서도 정해져 있지 않다. 따라서 유목민은 그들이 머물 거주공간도, 그리고 그 공간에 부여되는 규정과 질서조차도 그들이 직접 움직여서 만들어 가야 한다. 이러한 내재면의 특징을 한몸에 담고 있는 개념이 바로 '탈기관체'(CsO)[11]라고 할 수 있다.

---

11 CsO(corps sans organes/body without organs)는 '기관 없는 신체(몸체)'로 번역되기도 하고, 탈기관체로 번역되기도 하는데, 여기서는 존재의 바탕을 이루는 내재면의 미규정적이고 비유기적인 측면을 강조하는 '탈기관체'의 번역을 취한다. 탈기관체는 분명 기관이 없는 신체이지만 이 신체가 대립하는 것은 기관들이 아니라 기관들의 유기적인 조직화, 다시 말해 유기체와 대립하기 때문이다. Deleuze et Guattari, *Mille plateaux*, pp.196~197; 들뢰즈·가타리, 『천 개의 고원』, 304~305쪽 참조.

탈기관체는 신체의 기관[臟器]이 유기적으로 조직되어 있지 않은 상태를 의미한다. 말하자면 신체는 신체이되 기관들이 분화(分化)되어 있지 않은 신체라는 것이다. 이처럼 신체의 기관들이 아직 미분화(未分化)된 상태의 탈기관체는 텅 빈 무(無)의 상태가 아닌, 무수한 조직화의 계열이 잠재되어 있는 '알'과 같은 상태라고 할 수 있다. 이러한 탈기관체의 특징은 해답이 도출되지 않은 미규정의 상태에서 여러 개의 답이 잠재해 있는 '문제'의 상태에도 비유할 수 있을 것이다. 요컨대 미규정성과 잠재성이야말로 탈기관체를 특징지우는 핵심사항이 된다. 그러므로 탈기관체가 상징하는 내재면은 마치 분화되지 않은 알처럼, 도출되지 않은 답처럼, 미규정의 상태에서 언제든지 '현실의 배치'[12]로 구축될 수 있는 정체성들, 즉 다양체를 품고 있는 잠재성의 장이라고 할 수 있겠다.

감춰진 무수한 얼굴들: 잠재성

초월성의 사유가 이데아와 같은 초월적 원인이 있어 현상세계를 나타내는 것과 달리 존재 밖에서 존재의 원인을 찾지 않는 내재성의 사유에 있어서 존재의 구현방식은 잠재성의 표출로서 나타난다. 들뢰즈의 차이생성론은 곧 잠재성의 사유라고 할 수 있다. 차이생성론에서 잠재성이란 무수한 차이생성의 운동과 그에 따

---

12 다양체가 현실로 구축된 것을 배치(agencement)라고 한다.

른 수많은 '접속과 배치의 계열들'이 발현되지 않은 다양체로 잠재되어 있는 상태를 말한다. 초월성의 사유에 있어서 존재의 근원과 파생에 해당하는 이데아의 세계와 현상의 세계가 이원적으로 분리되어 있는 것과 달리, 차이생성론에 있어서 잠재성과 그것이 현실세계에 구현됨을 의미하는 현실성은 사물의 속과 겉처럼 분리될 수 없는 상태로 존재한다. 라이프니츠식으로 표현하자면 잠재성은 존재의 접혀진 주름이고 현실성은 펼쳐진 주름의 표면이 되는 셈이다. 따라서 차이생성론에서의 존재는 차이생성의 장 안에 펼쳐질 수 있는 역능으로 잠재되어 있으며 아직 현실화되지 않은 상태, 다시 말해 접혀진 주름 상태인 잠재적 역능들은 여러 개의 가능한 답을 품고 있는 문제와도 같다.[13]

여러 개의 답이 잠재되어 있는 문제에서 하나의 답을 이끌어내는 것은 어떤 조건과 접속하는가에 달려 있다. 그러므로 잠재성이 현실화하는 데 있어서 접속의 중요성이 크게 부각된다. 예컨대 나무토막이 뒷목과 접속하면 목침이 되고, 엉덩이와 접속하면 간이 의자가 되는 것처럼, 나무토막 자체의 의미는 애초에 결정되어 있는 것이 아니라 접속여하에 따라 천차만별로 달라질 수 있다는 것이다. 나무토막은 다른 나무토막들과 접속하여 놀이도구가 될 수도 있고, 나무판자와 접속하여 책꽂이로 활용될 수도 있다. 땅과 접속하면 말뚝이 될 수도 있고, 사람의 손과 접속하여 둔기로 돌변

---

13 들뢰즈 존재론에 나타나는 잠재성의 성격에 대해서는 다음을 참조할 것. 이정우, 「들뢰즈와 'meta-physica'의 귀환」, 『들뢰즈 사상의 분화』, 소운서원 엮음, 그린비, 2007, 140~142쪽.

할 수도 있다. 이처럼 잠재성의 장에서 현실로 구현되지 않은 접속과 배치들은 실선(實線)이 아닌 점선(點線)으로 존재한다.

그러므로 잠재성의 장에서 접속은 얼마든지 해체되어 다른 것과 재접속할 수 있다. 나무판자와 접속했던 나무토막은 접속을 풀고 엉덩이와 재접속할 수 있으며, 다시 엉덩이에서 접속을 푼 나무토막은 이번에는 땅과 재접속할 수 있다. 나무토막이라는 내재면에는 이처럼 무수한 접속의 계열, 즉 다양체들과 그것을 가능케 하는 접속과 해체, 그리고 재접속으로 이어지는 차이생성의 운동들로 북적거린다. 따라서 내재면은 다양체를 생성하는 차이생성의 운동으로 충만해 있으며 그에 따라 생성소멸하는 다양체는 언제나 잠재성으로 존재한다.[14]

이처럼 차이생성으로 북적대는 내재면에서 다양체들은 모두가 탈구된 기계의 부품처럼 비유기적이고 비조직적이다. 요컨대 내재면은 탈기관체의 상태라는 것이다. 비록 현실의 배치로 구축될 수 있는 다양체들이 무수히 잠재해 있다 해도, 그것들은 부단히 접속과 해체로 요동치는 차이생성의 운동을 하기 때문에 그러하다. 이처럼 내재면-잠재성의 장에서 나무토막은 쉴 새 없이 접속의 대상을 바꾸므로 결국 나무토막의 정체성은 낱낱의 요소들로 부글대는 카오스의 상태를 띨 수밖에 없다. 이는 무수한 유목경로가 중첩을 이루고 있는 유목민의 영토에서 제아무리 일정한 경로

---

14 다양체가 현실로 구축될 때 그것을 배치(agencement)라고 하므로 다양체는 배치의 잠재성이 된다.

를 따라 이동한다 해도, 유목민이 남긴 발자취들은 무질서한 카오스의 상태를 보이게 되는 것과도 같다.

이러한 잠재성의 원리로 제우스의 내재면을 들여다보면, 제우스의 정체성에 해당하는 얼굴들은 유기적이고 조직적인 스토리가 갖추어진 채로 잠재되어 있지 않다는 것을 알 수 있다. 아테나 여신의 탄생신화 속에 등장하는 제우스의 행동에서 우리는 신들의 왕에 걸맞지 않게 졸렬한 얼굴을 확인할 수 있지만 그것은 어디까지나 현실의 배치로 구축되어 드러난 얼굴일 뿐, 잠재성의 장에서 그러한 얼굴의 배치는 모두 해체되어 낱낱이 탈구된 기계부품처럼 산만하게 흩어져 있다. 신들의 왕 제우스, 완전무장한 아테나, 지혜의 여신 메티스, 도끼를 든 헤파이스토스 등, 제우스의 졸렬한 얼굴을 드러내는 개개의 요소들은 유기적으로 연결되지 못하고, 제우스의 또 다른 얼굴들을 구성하는 기계부품들과 뒤섞인 채 산만하게 북적대는 잠재성의 장을 이루고 있다. 따라서 잠재성의 장은 분해된 얼굴의 구성요소들이 접속하여 배치를 이루게 될 사건들이 서로 다른 속도와 강도로 뒤섞여 빠르게 소용돌이치는 카오스의 상태이다. 이처럼 잠재성의 장은 고정불변의 구조가 아닌 무한 변이로 요동치는 유동의 장이며, 쉴 새 없이 요동치는 유동의 장, 카오스의 장에 잠재된 얼굴들은 하나같이 지각 불가능한 상태에 놓이게 된다. 그중 하나의 얼굴이 현실의 배치로 구현될 때, 나머지 배치들은 낱낱의 요소들로 분해되어 잠재성의 장으로 사라진다.

제우스가 아테나의 탄생이라고 하는 사건을 통해 졸렬한 얼굴을 드러내면 나머지 얼굴의 배치들은 잠재성의 장으로 사라져 그들의 얼굴을 지각 불가능하게 흩어놓는다. 마찬가지로 아폴론의 경우, 그가 리라를 연주하며 음악의 신으로서 얼굴을 드러내면 현실로 구현되지 못한 다른 정체성들은 일제히 얼굴을 숨긴 채 잠재성의 장으로 사라진다. 한편 아폴론이 황금빛 하늘마차를 타고 태양신의 얼굴을 드러내면, 음악신의 얼굴은 다른 얼굴들과 함께 태양신의 얼굴 아래에서 부서져 산산이 흩어져 버린다. 리라는 아폴론의 손에서 빠져나와 허공을 떠다니고, 쌍피리 역시 마르시아스의 입술에서 떨어져 나와 제멋대로 춤춘다. 애증의 화살을 맞은 아폴론과 다프네는 서로 다른 곳을 향해 내달리고, 아폴론의 머리에 꽂혔던 월계수 잎조차 갈 곳을 잃은 채 공중을 부유한다.

헤라클레스의 내재면 또한 비유기적이고 비조직적인 탈기관체의 상태이기는 마찬가지다. 현실의 배치로 구축되지 못한 다양체들은 모두 낱낱의 기계부품으로 분해되어 잠재성의 장으로 흩어져 사라진다. 네메아의 사자가죽은 헤라클레스의 어깨에서 벗겨져 나와 어디론가 달아나 버리고, 켄타우로스를 내리치려던 올리브나무 방망이는 그의 손아귀를 벗어나 엉뚱한 곳을 향한다. 코카서스 산에서 쏘아올린 화살은 프로메테우스의 간을 쪼아 먹던 독수리를 비껴 날아가 버리고, 해결해야 할 열두 가지 과업조차도 뒤죽박죽 뒤섞인 채 난장판을 이루고 있다.

이처럼 잠재성의 장에는 현실로 구현되지 못한 얼굴들이 마치 피카소의 초상화처럼 제각기 분해되고 해체되어 지각 불가능한 상태로 존재한다. 이 무질서하고 미규정적인 잠재성의 장에서,

지각 불가능한 얼굴들이 하나의 지각 가능한 얼굴을 획득하기 위해서는 낱낱이 분해되어 있는 기계들이 유기적으로 조직화된 하나의 배치를 이루어야만 한다. 이렇게 특정의 배치를 이룰 때 비로소 지각 가능한 하나의 얼굴이 현실의 표면 위로 부상하게 되는 것이다. 그러나 드러난 얼굴 이면에는 아직 배치를 이루지 못했지만 언제든지 현실의 배치로 구현될 수 있는 무수한 얼굴들이 잠재해 있으며, 잠재된 얼굴들은 하나가 아닌 여럿이므로 중층의 구조를 이루고 있다. 말 그대로 촘촘한 관계의 그물망인 '잠재성의 장'을 형성하고 있다는 것인데, 이렇게 잠재된 얼굴의 배치들이 현실의 배치로 구현되는 것은 오로지 접속을 통해서이다. 마치 다양한 영토의 위상이 유목민의 영토에 잠재해 있지만, 그들의 발걸음이 직접적으로 땅과 접속함으로써 그중 하나의 유목경로가 잠재된 유목의 장에서 솟아올라 현실의 영토로 구현되는 것처럼….

숨은 얼굴 찾기: 현실화

초월성의 사유에서 존재의 구현이 고정불변하는 형상의 재현이라고 할 때, 내재성의 사유에서 존재의 구현은 생성운동에 의한 발생이라고 할 수 있다. "발생은 잠재적인 것이 현실화되는 과정으로, 이른바 구조가 구체적인 몸을 얻어 구현되는 과정이다."[15]

---

15   Gilles Deleuze, *Différence et répétition*, Universitaires de France, 2011, p.238; 『차이와 반

이처럼 존재가 발생하는 것은 생성운동, 즉 차이생성운동의 결과이며 차이생성운동이란 곧 접속을 가리킨다. '모든 삶은 접속과 상호작용의 과정이다. 어떤 신체나 사물도 접속과정의 산물이며 어떠한 배치도 접속으로부터 창조된다.'[16] 이러한 접속은 존재 밖에서 일어나는 초월적 운동이 아니고 존재 내에서, 잠재성의 장에서 이루어져 현실의 표면으로 솟아오르는 내재적 운동이다. 따라서 잠재성이란 아직 현실화되지 못한 배치들, 즉 다양체들이 무수히 잠재되어 있는 상태를 의미하며, 이러한 잠재성의 상태에서 현실화로 나아가기 위해서는 반드시 접속이 따라야 한다. 접속에 의해 잠재되어 있던 배치의 계열들-다양체들이 비로소 몸을 얻어 현실로 구현되기 때문이다. 그러므로 관건은 접속에 있다 하겠다. 접속에 의해 낱낱이 해체되어 탈구된 상태의 개체들이 유기적으로 조직화되고, 그렇게 함으로써 지각 불가능하던 얼굴들은 비로소 지각 가능한 하나의 얼굴을 획득한다.

들뢰즈, 가타리는 개체들을 기계로 설명하고 있는데, 여기서 기계란 조직화된 기계가 아닌 부분품으로서의 기계라는 의미가 강하다. 차이생성론에서 차이를 생성하는 운동이란 자체 내의 힘과 욕망을 지닌 기계(개체)들이 접속이라는 상호작용을 통해 특정의 배치를 형성해 가는 것을 말하기 때문이다. 따라서 기계들은 애초에 유기적으로 조직화되어 있지 않고 낱낱이 탈구되어 있으며,

---

복』, 김상환 옮김, 민음사, 2004, 401쪽 참조.

16   클레어 콜브룩, 『들뢰즈 이해하기』, 한정헌 옮김, 그린비, 2007, 33쪽.

다른 기계와의 접속을 통해 다양한 배치를 발생시킨다.[17] 그리고 이 모든 기계들의 배치에 앞선 배치를 추상기계라고 한다. 따라서 추상기계는 잠재적 배치라고 할 수 있다. 추상기계는 조직화되지 않은 비유기적이고 미규정적인 상태, 다시 말해 형식을 부여받지 않은 순수한 '질료'로서 작용한다.[18] 이처럼 기계들은 그 자체로서 무의미하고 단절된 채 비유기적인 상태로 존재하지만 내재면-잠재성의 장에는 현실로 구현될 수 있는 배치들이 무수히 잠재되어 있다. 마치 카드의 패나 바둑의 수처럼 그렇게 현실로 드러나 있지 않으나 실현 가능한 배치의 잠재성이 바로 추상기계이다.[19]

개체로서의 기계에는 개념의 세계에서부터 생물과 무생물을 아우르는 물질계 전체가 두루 포함된다. 예컨대 아폴론이라는 정체성에는 음악, 이성, 법률, 언어, 문자, 예언, 의술, 궁술 등의 추상적 개념들은 물론 델포이 신전, 옴파로스, 리라, 황금빛 마차, 활과 화살통 같은 사물들, 그런가 하면 신들, 인간들, 요정들, 괴수들, 나아가 월계수 나무에 이르기까지 살아 있는 생물 모두가 포함된다. 이들은 마치 탈구된 기계처럼 낱낱의 부품들로 존재한다. 이렇게 조직화되지 않은 부품들이 무질서한 상태로 뒤섞여 북적대는 잠재성의 장에서 모종의 접속을 통해 배치가 이루어지고, 비로소 하

---

17 이정우, 『천 하나의 고원』, 돌베개, 2008, 18~22쪽 참조.
18 Deleuze et Guattari, *Mille plateaux*, pp.176~177; 『천 개의 고원』, 271~273쪽 참조.
19 탈기관체와 추상기계(machine abstraite/abstract machine)는 공통적으로 내재면을 상징한다고 할 수 있으나 탈기관체는 '탈유기화' 내지는 '탈조직화'를, 추상기계는 '배치의 잠재성'을 보다 강조함으로써 각각 다른 각도에서 내재면의 특징을 조명한다.

나의 온전한 얼굴, 이른바 정체성이 구축되어 현실의 표면 위로 솟아오른다. 제우스는 뇌정과 접속하여 천둥번개를 일으킴으로써 천공의 신이라는 하나의 얼굴을 획득하고, 아폴론은 델포이 신전과 접속하여 신탁을 내려 줌으로써 예언자라는 하나의 정체성이 구현된다.

이처럼 수많은 얼굴들 중에서 하나의 규정된 얼굴을 드러내기 위해서는 중구난방으로 흩어져 있는 기계들 중에서 몇몇 특정의 기계들이 접속해야 한다. 제우스는 음흉한 호색한의 얼굴을 드러내기 위해 여신들, 요정들, 그리고 여인들과 접속하고, 치졸하고 옹졸한 얼굴을 드러내기 위해 임신한 메티스, 완전무장한 아테나, 도끼를 손에 든 헤파이스토스와 접속한다. 아폴론 역시 애욕의 얼굴을 드러내기 위해 에로스, 황금화살과 납 화살, 다프네, 월계수, 강의 신 페네이오스와 접속하고, 잔혹한 얼굴을 드러내기 위해 리라, 쌍피리를 부는 마르시아스, 뮤즈들, 손에 칼을 든 시종과 접속한다. 헤라클레스는 천하장사의 얼굴을 드러내기 위해 두 마리의 뱀, 광폭한 키타이론의 사자, 그리고 네메아의 괴물 사자와 접속하고, 정의로운 용사의 얼굴을 드러내기 위해 마을에 침입해 난동을 부리는 켄타우로스 무리와 접속한다. 이렇게 미규정의 상태로 잠재해 있던 무수한 기계들 중에서 특정의 기계들이 접속함으로써 비로소 잠재해 있던 얼굴 중 하나의 얼굴이 온전히 현실로 구현되는 것이다.

그러므로 접속은 곧 사건이다. 제우스가 아테나를 집어삼키는 사건, 아폴론이 다프네를 뒤쫓는 사건, 그리고 헤라클레스가 맨손으로 사자를 때려잡는 사건, 이러한 사건과 더불어 하나의 정체성이 구축되고 또한 사건과 더불어 하나의 정체성이 해체된다. 정체성이란 그렇게 사건과 더불어 끊임없이 생성하고 변화하므로 고정불변의 동일성이 아닌 유동적이고 가변적이고 복수적인 다양체다. 그리고 이러한 다양체는 바로 배치의 잠재성이다. 환언하면 배치는 곧 다양체의 현실화다. 잠재된 상태의 다양체가 점선에 의한 접속의 결과라고 한다면, 현실로 구현된 배치는 실선에 의한 구체적인 접속의 결과이다. 이처럼 잠재된 다양체는 구체적인 접속에 의해 현실의 배치로 구현된다. 다시 말해 현실화된다. 잠재성이 여러 개의 답을 품고 있는 문제의 상태와도 같다면 현실화는 특정의 답을 얻어 낸 상태와도 같다. 그러므로 접속은 여러 개의 답안 중하나의 답을 얻기 위한 조건이자, 잠재되어 있는 다수의 정체성 중에서 특정의 정체성을 현실로 구현해 내는 구체적인 방법이 된다.

현실성과 잠재성의 무한 순환: 영토화와 탈영토화

접속은 개체들을 지칭하는 기계로부터 시작된다. 기계들은 접속을 통해 배치를 이루는 영토화가 되고, 탈주에 의해 배치가 풀리는 탈영토화가 되는가 하면, 다시 접속을 통해 재영토화를 이루기도 한다.[20] 마치 대지와 접속하는 유목민의 발걸음에 따라 구축

---

20 이정우, 『천 하나의 고원』, 22~23쪽 참조.

과 해체를 반복하는 영토의 위상처럼 잠재성의 장에는 상호 간에 접속을 통해 구현될 수 있는 얼굴-배치들이, 이른바 다양체들이 무수히 잠재되어 있다. 따라서 접속을 통해 배치를 이루게 될 얼굴은 하나가 아니다. 배치는 언제든지 접속을 풀고 해체될 수 있으며 해체된 기계들은 다른 접속을 통해 재배치를 이룰 수 있다. 다시 말해 또 다른 얼굴을 획득할 수 있다. 왕좌를 빼앗길까 두려워 아테나를 집어삼킨 졸렬한 제우스는 아테나와의 접속을 풀고, 이번에는 뇌정과 접속하여 천둥번개를 일으킴으로써 천공의 신으로 재배치를 이룰 수 있다. 마찬가지로 자신에게 도전했다는 이유로 마르시아스의 살가죽을 벗긴 잔혹한 아폴론은 마르시아스와의 접속을 풀고 이번에는 델포이 신전과 접속하여 신탁을 내려 줌으로써 예언의 신으로 재배치를 이룰 수가 있다. 그런가 하면 헤라 여신이 보낸 두 마리 뱀을 양손에 쥐어 압사시킨 아기 장사 헤라클레스 역시 뱀과의 접속을 풀고 마을 사람들을 괴롭히는 켄타우로스와 접속하여 처단함으로써 정의로운 용사로서 재배치를 이룰 수 있다.

이처럼 잠재성의 장에서 이루어지는 접속과 배치는 언제든지 구축과 해체가 가능하며, 그에 따라 정체성은 여러 개의 얼굴로 탄생하기도 하고 소멸하기도 한다. 이 여러 개의 얼굴은 하나하나가 독립적이어서 그 얼굴들에 통일성을 부여하는 하나의 중심, 하나의 질서는 존재하지 않는다. 이는 구축과 해체를 반복하며 생성 소멸하는 유목민의 영토들 가운데, 다른 모든 영토를 아우르는 통일된 하나의 영토가 존재하지 않는 것과도 같다. 제우스는 신들의 왕이자 천공의 신이며, 인간세계에도 관여하여 인간들을 돕거나 벌을 내리고, 때로 그들과 사랑을 나누기도 하고, 어떤 때에는 슬퍼하고, 어떤 때에는 분노한다. 신들의 옥좌에 앉아서 명령을 내리는 제우스, 뇌정을 휘둘러 천둥번개를 일으키는 제우스, 자신의 자리를 빼앗길까 겁을 내어 아테나를 삼켜 버린 제우스, 알크메네를 범하기 위해 그의 남편 암피트리온으로 변신한 제우스….[21] 그러나 제우스의 정체성에 해당하는 이 모든 속성을 아우르는 하나의 속성은 없으며, 이러한 속성들 사이에 어떠한 연관성도 찾아볼 수 없다. 그런가 하면 제우스에 속하는 모든 속성들 하나하나가 모여 통일된 중심으로 귀착하는 유기적인 체계 또한 조직되어 있지 않다.

마찬가지로 아폴론을 규정짓는 하나의 정체성도 없다. 사람들에게 신탁을 내려 주는 아폴론, 악기를 연주하는 아폴론, 들짐승을 사냥하는 아폴론, 황금마차를 타고 하늘을 달리는 아폴론, 사랑의 포로가 되어 달아나는 다프네를 뒤쫓는 아폴론, 그런가 하면 격렬한 분노의 감정에 사로잡혀 마르시아스를 응징하는 아폴론…. 헤라클레스의 정체성 역시 다양체들의 집합 이외에 다른 것이 아니다. 맨손으로 사자를 때려잡는 헤라클레스, 헤라의 계략에 빠져 자식들을 모두 죽이고 절망에 빠진 헤라클레스, 아폴론의 신전에

---

21 제우스는 알크메네를 범하기 위해 그녀의 남편 암피트리온으로 변신하고, 암피트리온이 집을 비운 사이를 틈타 그녀에게 접근한다. 감쪽같이 속은 알크메네는 제우스와 하룻밤을 보낸 후 다음 날 돌아온 진짜 남편 암피트리온과 다시 잠자리를 하게 되는데 그렇게 해서 제우스의 아들 헤라클레스와 암피트리온의 아들 이피클레스 쌍둥이를 출산했다고 한다.

가서 신탁을 받는 헤라클레스, 광폭한 괴수들을 처단하고, 곤경에 빠진 영웅들을 도우며, 죄를 씻기 위해 12가지 과업을 수행하는 헤라클레스, 그런가 하면 술에 만취해 사람들을 때려 죽이고, 하룻밤에 50명의 여인들과 관계를 맺어 50명의 자식을 낳은 헤라클레스…[22] 잠재성의 장에서 이러한 정체성들은 어떠한 위계도 형성하지 않고, 어떠한 인과관계도 맺고 있지 않으며, 제각각 탈구된 기계들로 잠재되어 있다가 접속을 통해 현실로 구현되기도 하고, 다시 접속을 풀고 해체되어 잠재성의 장으로 돌아가기도 한다. 이처럼 잠재성의 장은 마치 여러 개의 답을 품고 있는 문제처럼, 현실로 구현될 수 있는 접속과 배치의 계열들이 미규정적으로 북적대는 카오스의 상태에 있다.

제우스의 정체성은 무엇인가? 신들의 제왕인가? 천공의 신인가? 아니다. 이러한 명칭들은 제우스를 정체 짓는 무수한 사건들과 이미지들이 접속하여 구축해 낸 정체성의 일부에 지나지 않는다. 그러므로 제우스의 정체성이 무엇인지를 묻는 질문에 우리의 머릿속에는 하나의 정답이 떠오르기는커녕 이들과 연관된 신화 속의 모든 사건들과 이미지들이 마구잡이로 떠올랐다가 사라지기를 반복한다. 제우스는 올림포스의 신들과 결속하여 거인족

---

22 헤라클레스 신화에는 18세에 소들을 해치는 키타이론산의 사자를 맨손으로 때려잡은 일화가 있다. 이때 소들의 주인인 테스피오스왕은 천하장사 헤라클레스의 혈통을 얻고자 한 가지 계략을 꾸미게 되는데, 그것은 헤라클레스에게 술을 먹여 만취케 한 다음 자신의 딸들 50명과 동침을 시키는 것이었다. 그렇게 하여 테스피오스왕은 헤라클레스의 혈통을 이어받은 50명의 손자를 얻었다고 한다. 동침의 기간에 대해서는 50일, 7일, 하룻밤 등 여러 설이 있다.

들을 물리친다. 아니다! 제우스는 뇌정을 휘둘러 비구름을 모으고 천둥번개를 일으킨다. 아니다! 제우스는 자신을 모욕한 리카온의 궁전을 불태우고, 달아나는 리카온을 늑대로 만들어 버린다.[23] 아니다! 제우스는 두려운 마음에 갓 태어난 아테나를 통째로 집어삼킨다. 아니다! 욕정에 눈이 먼 제우스는 칼리스토에 접근하기 위해 아르테미스 여신으로 변신한다.[24] 아니다!

그렇다면 아폴론의 정체성은 무엇인가? 아폴론은 델포이 신전에 앉아 찾아오는 이들에게 신탁을 내린다. 아니다! 아폴론은 황금빛 마차를 타고 매일 동쪽에서 나타나 서쪽으로 사라진다. 아니다! 아폴론은 헤르메스에게서 받은 악기 리라를 연주하여 인간들의 마음을 정화시킨다. 아니다! 아폴론은 분노의 감정에 사로잡혀 자신을 능멸한 마르시아스의 살가죽을 벗긴다. 아니다! 아폴론은 쌍둥이 여신 아르테미스와 숲속을 누비고 다니며 목표물에 화살을 쏘아 맞힌다. 아니다! 아폴론은 절규하며 달아나는 다프네를 집요하게 뒤쫓는다. 아니다! 그러면 헤라클레스의 정체성은? 헤라클

---

23 아르카디아 지방의 독재자 리카온은 신들을 경배하기는커녕 무시하고 조롱하기 일쑤였다. 그런 리카온이 하루는 신들의 왕 제우스를 능멸하기 위해 인육을 대접했다. 이에 분노한 제우스가 번개를 내리쳐서 리카온의 궁전을 불태우고, 달아나는 리카온을 늑대로 만들어 버렸는데, 이로부터 늑대인간의 전설이 시작되었다고 한다.

24 칼리스토는 순결을 맹세한 아르테미스 여신의 시종으로 그녀 역시 정절을 맹세한 바 있으나, 그녀를 보고 음욕에 사로잡힌 제우스신은 아르테미스 여신으로 둔갑하여 칼리스토에게 접근하고 마침내 그녀를 겁탈하기에 이른다. 이 일로 임신하게 된 칼리스토는 아르테미스 여신에게 쫓겨나 홀로 아르카스라는 아들을 낳았다. 이 사실을 안 헤라 여신은 칼리스토를 곰으로 만들어 버렸다고 하는데, 훗날 아르카스가 곰이 된 칼리스토를 사냥하려 하자 제우스 신은 이를 막고자 아들 역시 곰으로 만들고 모자를 모두 하늘로 올려 별자리로 만들었다고 한다. 큰곰자리와 작은곰자리의 별자리 전설인 셈이다.

레스는 키타이론산의 광폭한 사자를 맨손으로 때려잡는다. 아니다! 헤라클레스는 아폴론으로부터 12가지 과업을 해결하라는 신탁을 받는다. 아니다! 헤라클레스는 헤라의 저주로 광기에 휩싸여 자식들을 모조리 죽인다. 아니다! 헤라클레스는 네메아의 괴물 사자가죽을 몸에 걸치고 다닌다. 아니다! 헤라클레스는 방망이를 휘둘러 추악한 켄타우로스를 처단한다. 아니다!

이렇게 신들의 정체성은 고정불변의 하나가 아니다. 다만 그들을 정체 짓는 무수한 사건들과 이미지들이 서로 다른 속도와 강도로 뒤섞이고 중첩된 채 우리 의식의 표면 위로 떠올랐다가 이내 다른 정체성의 공격을 받아 사라지기를 반복할 뿐이다. 그리하여 우리의 의식에서 신들의 모든 얼굴은 무한 속도로 돌고 돌아 형태와 색채가 지워진 회색의 소용돌이를 이룬다. 그렇게 지각 불가능한 얼굴들이 회오리치는 잠재성의 장, 형태와 색채를 잃어버린 회색의 소용돌이에서 형과 색을 갖춘 하나의 얼굴을 건져 올리는 것은 접속의 결과라 할 수 있다. 그러므로 접속은 카오스에서 질서로 가는 운동이고, 잠재성에서 현실성으로 나아가는 관문이라고 할 수 있다. 잠재성의 장에서 낱낱이 탈구된 기계들은 접속을 통해 배치를 이루는 영토화와 탈주에 의해 배치가 풀리는 탈영토화를 거듭하며 무한 순환한다. 그와 더불어 현실성과 잠재성 또한 무한 순환한다.

2장

제3의 신화: 신들의 재탄생

두 개의 접속: 나무와 리좀

접속은 그 성격상 수목(나무)형의 접속과 리좀(Rhizome, 땅 속 줄기)형의 접속으로 나누어 볼 수 있다. 『천 개의 고원』에서 저자 들뢰즈와 가타리는 수목형 뿌리의 접속과 리좀의 접속 방식에 대응하는 두 종류의 사유를 전개한다. 중심뿌리의 여러 지점에서 곁뿌리가 뻗어 나오고 다시 곁뿌리의 무수한 지점에서 잔뿌리들이 갈라져 나오는 수목형의 접속은 제아무리 복잡하게 얽히고설킨 듯 보여도 역으로 거슬러 오르면 바로 상위에 있는 뿌리와 접속하여 마침내 중심뿌리에 이르는 통일된 위계질서 안에 포섭되어 있음을 알 수 있다. 반면 감자나 왕바랭이, 개밀 같은 리좀은 중심뿌리의 지배하에 폐쇄적이고 규칙적으로 분기하는 수목형의 뿌리와 달리, 중심뿌리 없이 줄기 자체가 땅속에서 분기하여 각각 뿌리역할을 한다. 이러한 리좀의 접속은 수목형 뿌리의 접

그림 1 수목형의 뿌리   그림 2 리좀

속과 달리 접속을 규제하는 어떠한 질서도, 어떠한 이분법적 구
도도 형성하지 않는다. 그러므로 수목형의 뿌리는 접속이 제아무
리 많이 이루어진다 해도 원본에 해당하는 중심뿌리를 반복적으
로 재현하지만, 리좀은 접속하면 접속한 만큼의 서로 다른 차이
를 창조해 간다. 이러한 사실로부터 수목형의 접속은 서구의 오
랜 전통인 초월성의 사유를, 그리고 리좀형의 접속은 내재성의
사유에 속하는 차이생성론, 즉 유목론을 각각 상징한다는 것을
알 수 있다.[1]

　　수목형 뿌리는 토대나 근간, 중심과 중심으로부터의 거리에
의해 정해지는 서열, 중심으로부터 대칭적으로 분기하는 패턴의

1　수목형의 접속과 리좀형의 접속에 관한 보다 상세한 내용은 『천 개의 고원』 서문을
　　볼 것.

모방과 같이 우리가 질서라고 부르는 여러 특징들을 가지고 있다. 반면에 리좀은 어떠한 계층도, 중심도 없고, 초월적인 통일성도 이항대립이나 대칭성의 규칙도 없으며, 단지 끝없이 연결되고, 도약하며, 일탈하는 요소들의 연쇄이다.[2] 수목형의 뿌리와 리좀이 보여 주는 이러한 특성의 차이는 그대로 각기 다른 두 종류의 다양체를 생성하는 접속의 차이를 나타내 준다. 요컨대 수목형 접속의 결과 발생하는 다양체는 수목형의 다양체로, 리좀형 접속의 결과 발생하는 다양체는 리좀형의 다양체로 나누어 볼 수 있다는 것이다.

수목형의 접속은 제아무리 많이 이루어진다 해도 중심의 지배를 벗어날 수 없으며, 이러한 수목형 접속의 결과 발생하는 다양체들은 질적 차이가 없는 양적 다양체에 불과하다. 이는 곁뿌리와 잔뿌리들이 제아무리 많이 뻗어 나간다 해도 그들이 거슬러 올라 귀착하는 곳은 하나의 원본, 하나의 중심뿌리인 것과 같다. 따라서 양적 다양체들은 그 수가 아무리 많아도 원본이 가지는 불변의 본성을 잃지 않는다. 반면 중심뿌리 없이 줄기에서 직접 분기하는 리좀형의 접속은 중심이 내포하는 어떠한 질서에도 지배됨이 없이 각기 독립성과 독자성을 유지하게 된다. 그러므로 리좀형 접속의 결과 분기된 다양체들은 분기하면 분기한 만큼의 차이를 수반하는 질적 다양체가 된다.[3]

우리는 내재면-잠재성의 장이 미리 펼쳐져 있는 백색의 도화

---

2   우노 구니이치, 「해설: 방법에 대한 주해」, 『천 개의 고원』, 981쪽.

3   수목형의 다양체와 리좀형의 다양체에 관해서는 Deleuze et Guattari, *Mille plateaux*, pp.45~46; 『천 개의 고원』, 71~72쪽을 볼 것.

지 같은 것이 아니라, 차이생성의 운동에 의해 다양체들이 구축되기도 하고 해체되기도 하는 차이생성의 장이라는 것을 알고 있다. 한편으로 차이생성의 운동은 낱낱이 탈구된 기계들 간의 접속 운동 그 자체이며, 그에 따라 발생하는 사건으로서 현실의 표면 위로 떠오르는 것이 '구축된 배치'임을 또한 잘 알고 있다. 그러므로 접속의 양상에 따라 내재면-잠재성의 장은 끊임없이 새로운 지도를 그려 나가고, 지도 그리기의 과정에 따라 내재면의 위상 또한 시시각각 달라지게 된다. 따라서 관건은 접속에 있다 하겠는데, 접속은 그 자체로 다양체를 생성하고 내재면을 그려 가며, 나아가 현실의 배치를 구축하는 생성과 변화의 직접적인 원인으로 작용하지만, 접속의 양상이 수목형인가 리좀형인가에 주목할 때 논의는 새로운 국면을 맞이하게 된다. 다시 말해 담론의 범주가 달라진다는 것이다. 여기서 우리는 지금까지 보아 온 그리스 신들의 얼굴을 조금 다른 각도에서 조명해야 할 필요성이 있다. 이처럼 신들을 대면함에 있어 관점의 전환이 필요한 것은 그리스 신들이 그들의 고향인 그리스 본토를 떠나 보다 크고 복잡한, 그리하여 현실의 배치로 구현될 수 있는 다양체가 보다 많이 잠재되어 있는 내재면-잠재성의 장으로 진입하게 되었기 때문이다.

동방 헬레니즘의 그리스 신들: 양적 다양체와 질적 다양체

그리스 신화라고 하는 내재면은 제우스 신화, 아폴론 신화, 헤라클레스 신화 등등의 특정 신들이 주축이 되는 개별적 신화들로 구성되어 있으며, 개별적 신화는 다시 무수한 사건들로 채워져 있다. 사건들이 발생하는 것은 세부적인 접속의 결과이다. 따라서 개별적인 신화라고 하는 내재면은 온갖 접속들로 북적대고 있다. 제우스 신화에는 제우스와 올림포스 궁전 옥좌의 접속이, 제우스와 갓 태어난 아테나의 접속이, 제우스와 알크메네의 접속이, 제우스와 거인족의 접속이…. 아폴론 신화에는 아폴론과 다프네의 접속이, 아폴론과 하늘마차의 접속이, 아폴론과 델피 신전의 접속이, 아폴론과 마르시아스의 접속이…. 헤라클레스 신화에는 헤라클레스와 두 마리 뱀의 접속이, 헤라클레스와 키타이론 산 사자의 접속이, 헤라클레스와 켄타우로스의 접속이, 헤라클레스와 프로메테우스의 접속이…. 이처럼 세부적인 접속들이 쌓이고 누층을 이루며 그리스 신들 개개의 내재면을 구축하고, 이들이 다시 거듭해서 쌓이고 누층을 이뤄 그리스 신화라고 하는 보다 큰 내재면을 구성하고 있다. 요컨대 그리스 신들 자체도 다양체이며, 그들이 구성하고 있는 그리스 신화 역시 그 자체로 다양체 이외의 다른 것이 아니다. 따라서 신들을 구성하고 있는 어느 한 요소가 신들의 정체성을 대변하지 않듯이, 어떤 특정 신을 주인공으로 하는 신화 하나가 그리스 신화 전체를 아우르는 중심뿌리가 되지 않는다.

그러나 헬레니즘 시기 페르시아 지역에서 발생했던 신들의 접속은 기존의 그리스 신화와는 사뭇 다른 양상으로 전개되었다. 그곳에서 페르시아를 비롯한 이방신들과 접속한 그리스 신들은 이미 다양체의 일정 부분이 동일성으로 굳어진 정형화된 신들이라고 할 수 있다. 제우스는 신들의 왕, 아폴론은 태양신, 헤라클레스는 천하무적의 영웅으로, 이처럼 동방의 그리스 신들은 그들의 본 모습인 다양체에서 특정의 요소가 강도 높게 구축되어 중심뿌리를 이룬 상태였다. 그런 상황에서 그리스 신들과 이방신들 간의 접속 양상은 자신의 중심뿌리로 이방신들을 흡수하여 자신의 정체성을 고수하는가, 아니면 상대방의 중심 뿌리에 흡수되어 자신의 정체성을 잃어버리는가, 그도 아니면 상호 간에 동등한 입장에서 결연 관계를 맺음으로써 제3의 신으로 재탄생하는가의 세 가지 경로 중 하나를 따르게 된다.

이러한 세 가지 국면에 입각해 볼 때, 헬레니즘 시대 동방의 그리스 신들은 그 자체로 다양체라고 할 수 있지만 엄밀한 의미에서 수목형의 다양체, 즉 양적 다양체라고 할 수 있다. 양적 다양체란 그 수가 아무리 많아도 질적 차이가 없는 다양체를 말하며, 수목형의 접속에 의해 발생하는 다양체가 이에 해당한다. 모든 차이들을 흡수하여 하나의 동일성으로 봉해 버리는 수목형의 접속은 제아무리 많은 접속이 이루어진다 해도 그 수만 늘어날 뿐 본래의 성질에는 변함이 없는 양적 다양체를 생성한다. 이는 그리스 신들이 그리스 신화 속에서 제아무리 많은 변신을 꾀하고 다양한 권능을 발휘했다 해도, 이방신들과 접속하게 되는 동방의 그리스 신들은 그들이 애초에 지니고 있던 무수한 다양체를 흡수하여 봉합해 버린 단 하나의 정체성이라는 것을 의미한다. 요컨대 동방의 지역 신들과 대면하는 그리스 신들의 얼굴은 구체적인 배치를 얻어 현실의 표면 위로 솟아오른 단 하나의 얼굴이다.

이처럼 동방으로 간 그리스 신들은 그리스 신화 속에서 제아무리 변화무쌍한 이미지로 발현되었다 해도, 동방의 여러 신들과 접속함에 있어 일제히 하나의 중심, 하나의 동일성, 하나의 얼굴만을 앞세운다. 제우스는 본래의 다양한 얼굴을 모두 뒤로 한 채, 오직 신들의 왕으로서 올림포스의 주신이라고 하는 하나의 얼굴로, 아폴론 역시 다재다능한 능력으로 수많은 스토리를 낳으며 그리스 신화를 화려하게 수놓고 있지만, 오직 태양신이라고 하는 하나의 얼굴로, 헤라클레스 또한 그리스 신화 속에서 보였던 숱한 영욕의 드라마를 모두 지우고 오로지 '천하무적의 영웅'이라고 하는 하나의 얼굴로, 그 밖에 알렉산드로스의 동방원정에 동참했던 다른 신들 역시 동방의 여러 신들과 만나 접속을 이루게 되는 것은 그들의 다양체를 아우르는 단 하나의 얼굴, 단 하나의 정체성이다.

특정의 다양체를 하나의 중심, 하나의 동일성으로 내세울 때, 그 밖의 다양체들은 수목형의 다양체가 되어 마치 중심뿌리에서 뻗어 나온 곁뿌리들처럼 중심의 지배를 벗어날 수 없게 된다. 예컨대 제우스의 정체성이 '신들의 왕'이 되는 한, 잔인한 얼굴, 호색한의 얼굴, 졸렬한 얼굴과 같은 제우스의 또 다른 정체성들, 또 다른 다양체들은 단지 '신들의 왕'이라는 중심에 예속되어 중심을 꾸며주는 역할을 할 뿐, 결코 '신들의 왕'과 동등한 위상을 차지할 수 없다는 것이다. 그리하여 잔인한 얼굴은 '잔인한 얼굴을 한 신들의 왕'이, 호색한의 얼굴은 '호색한의 얼굴을 한 신들의 왕'이, 졸렬한 얼굴은 '졸렬한 얼굴을 한 신들의 왕'이 되고 만다. 이처럼 수목형의 다양체들은 동일성의 일면을 나타내 줄 뿐, 그 자체로 독립성을 갖지 못한다. 요컨대 '잔인한', '졸렬한' 등 아무리 수식어가 많아도 그것들이 꾸며 주는 것은 '신들의 왕'이라는 불변의 동일성이라는 것인데, 이러한 다양체들은 양적인 차이만을 지닐 뿐 질적으로는 모두 같은 하나이다. 그 속성이 관대하건, 잔인하건, 아니면 졸렬하건, 호색한이건 간에 그들의 정체성은 '신들의 왕' 이외의 다른 것이 아니다. 이는 중심뿌리에서 뻗어 나온 곁뿌리들이 양적으로 아무리 많다 해도 중심뿌리의 분신에 다름 아닌 것과도 같다. 그런 의미에서 수목형의 다양체는 양적 다양체가 되는 것이다.

그러므로 리좀형의 다양체, 다시 말해 질적 다양체가 구축되기 위해서는 반드시 중심뿌리 자체가 제거되어야만 한다. 그리하여 각기 독립적이고 비유기적으로 단절된 기계들 간에 평등하고 수평적인 리좀형의 접속이 이루어질 때 비로소 그 성질이 바뀌는 질적 다양체가 구현되는 것이다. 어떤 접속이 수목형의 접속에 해당하는 것인지, 아니면 리좀형의 접속에 해당하는 것인지를 판단하기 위해서는 접속의 결과로 나타나는 다양체의 양상에 주목해야 할 필요성이 있다. 접속의 결과 어느 한쪽이 다른 쪽을 일방적으로 포획하는 경우와, 상호 간에 흡수되어 제3의 성질로 거듭나는 경우가 있기 때문이다. 수목형의 접속은 주와 종의 수직적 위계를 형성하며, 마치 원본을 찍어 내는 복사기처럼 항상 포획의 주체

그림 3 바다의 신 포세이돈   **그림 4** 박트리아 왕국 코인에 새겨진 포세이돈

가 되는 중심뿌리를 고스란히 재현한다. 그러나 리좀형의 접속은 독립된 개체들 간에 수평적인 접속이 이루어지므로, 상호 간에 스며들어 각자 본래의 정체성을 지우고 제3의 정체성으로 재탄생한다. 예컨대 수목형의 접속이 복사라고 한다면 리좀형의 접속은 데칼코마니에 비유할 수 있을 것이다.

역시 관건은 접속에 있다 하겠는데, 그리스 본토의 신들이 전해진 동방 각지에서도 접속의 양상이 리좀형의 접속인가, 수목형의 접속인가에 따라 신들의 정체성에 변화가 발생하는가 하면, 일정 형태로 구축된 정체성이 변함없이 유지되기도 했다. 이러한 접속의 양상은 신들이 접속한 외부 환경의 조건에 의해 크게 좌우되는 경향을 보인다. 그 대표적인 예를 박트리아 왕국과 파르티아 왕국에서 발생한 접속의 사례에서 찾아볼 수 있을 것이다. 각각 그리

그림 5 옛 그리스 식민지 에페수스 출토 승리의 여신 니케   그림 6 박트리아 왕국 코인에 새겨진 니케

스계와 페르시아계가 지배세력이었던 박트리아 왕국과 파르티아 왕국에서 현지의 문화와 종교, 혹은 현지의 신들과 접속한 그리스 신들의 위상은 각기 다른 양상으로 나타났다. 그리스 전통이 보다 강하게 남아 있던 박트리아 왕국에서는 비록 지역적 특성이 반영되어 그리스 신들의 의복과 장신구, 지물 등에 약간의 변화가 발생하기도 했지만 신들의 정체성 자체에는 변화가 발생하지 않았다.

　박트리아 왕국의 코인 속에서 발견된 포세이돈상은 비록 페르시아 왕권을 상징하는 리본을 매단 대추야자 나뭇가지를 들고 있지만^{그림 4} 그리스 신화에 등장하는 바다의 신 포세이돈이라는 정체성에는 어떠한 변화도 발생하지 않았으므로 이 접속은 수목형의 접속에 해당한다. 그 밖에 대추야자 나뭇가지를 머리에 꽂고 있는 승리의 여신 니케나 그리스 원형 그대로의 모습으로 코인에 새겨진 헤라클레스처럼 박트리아 지역의 그리스 신들은 비록 페르시아 지역의 문화와 접속했지만 그리스 신들의 원형을 그대로 간직하고 있었다. 다시 말해 그들은 수목형 접속이 구축해 놓은 원본의 복사에 불과했다. 그러나 페르시아 전통이 강하게 작용했던 파르티아 왕국에서는 그리스 신들이 페르시아의 신들과 접속함으로써 정체성에 큰 변화가 발생했다. 파르티아 왕국에서 이루어진 제우스 신과 아후라 마즈다 신의 접속은 상호접속을 통해 정체성이 달라지는 질적 변화를 일으켰으므로 이 경우 리좀형의 접속에 해당한다. 그 밖에도 파르티아 왕국에서 발생했던 그리스의 태양신 아폴론과 조로아스터교의 태양신 미트라의 접속, 지혜의 여신 아테나와 물의 여신 아나히타의 접속, 그리고 영웅신 헤라클레스와 전승신 베레트라그나의 접속이 모두 리좀형의 접속에 해당한다. 이들의 접속은 어느 한쪽이 강한 흡인력으로 상대를 흡수해 자신의 정체성에 함몰시켜 버리지 않았으며, 상대의 정체성이 변형된 만큼 자신의 정체성에도 변화가 발생했기 때문이다. 이들은 마치 데칼코마니처럼 상호 침투하여 서로의 정체성을 지우고 전혀 다른 제3의 정체성으로 재탄생한 것이다.

파르티아의 그리스 신들: 리좀형의 접속

개개의 신들은 다양체의 무한변이로 북적대는 내재면을 지니고 있으며, 외부환경과의 접속을 통해 다양체를 늘려 가기도 하고, 새로운 다양체를 생성해 가기도 한다. 그렇게 자체 내의 무한변이를 경도(經度)로 하고 외부환경과의 접속을 위도(緯度)로 하여 다양한 지도를 그려 가는 것이 내재면의 속성이다. 이러한 내재면의 원리는 미시적 차원에서부터 거시적 차원에 이르기까지 무한 적용된다. 그러므로 그리스 신들 하나하나의 내재면도 존재하지만, 그리스 신화 역시 그 자체로 하나의 내재면이기도 하다. 그런 점에 비추어 볼 때 헬레니즘 시기 파르티아 왕국은 유라시아 각지에서 모여든 신들로 북적대는 또 하나의 거대한 내재면이라고 할 수 있다. 그리스 신들이 그러하듯이 파르티아의 전통 신들역시 넓게는 자신들이 속한 신화나 종교라는 내재면의 구성요소인 동시에 자기 자신의 내재면을 구성하고 있는 무수한 요소들의집합체이기도 하다. 이처럼 한층 복잡해진 파르티아 왕국이라는내재면에서 발생한 지도 그리기는 박트리아 왕국과는 사뭇 다른양상으로 전개되었다.

그리스인들이 중심이 되어 옛 페르시아 땅에 세운 박트리아왕국에서와 달리 페르시아계가 주축이 되어 독립한 파르티아 왕국에서는 그리스 신들이 더 이상 그들의 정체성을 온전히 지켜 갈수 없었다. 비록 파르티아인들이 그리스 문화에 우호적이었다 해도 그들의 전통 속에 깊이 뿌리박혀 있는 조로아스터교의 신들이종교의 수면 위로 부상하게 된 것은 지극히 당연한 현상이라 해야할 것이다. 그렇다고 해도 파르티아인들은 이미 250년을 그들과함께해 온 그리스 신들을 배척하거나, 페르시아 땅에서 몰아내려하지는 않았다. 그러기에는 함께해 온 세월의 두께가 상당한 만큼그리스 문화 역시 원주민 삶의 일부가 되어 있었기 때문이다. 훗날정통성을 내세워 강력한 민족주의 정책을 펼쳤던 사산 왕조에서일체의 외래문화를 배척했던 것과 달리, 파르티아인들이 비록 이

그림 7 헤라클레스와 베레트라그나의 접속으로 탄생한 파르티아의 전승신

란계의 혈통을 보유하고 있었다 해도 외래문화의 수용에 적극적인 유목민이었다는 점 또한 그리스 문화 보존에 있어 중대한 요인으로 작용했던 것으로 보인다. 이에 인도 서북부 지방에 나라를 세우고 외래종교인 불교를 국교로 수용하여 크게 부흥시켰던 쿠샨 왕조 역시 유목계라는 점을 상기할 필요가 있다.

어쨌든 파르티아 왕국에서 그리스 신들은 계속 그 명맥을 유지해 갈 수 있었지만 더 이상 박트리아 왕국에서처럼 중심뿌리를 형성할 수 없었으며, 현지 신들과의 접속에 있어서도 그들이 중심이 되는 수목형의 접속을 이룰 수 없었다. 그들은 파르티아 왕국이라는 신체에 속해 있는 다른 신들과 마찬가지로 비유기적이고 비조직적인 낱낱의 기계들에 불과했으며, 그런 이유로 그리스 신들과 조로아스터교 신들 사이에서는 위계 없이 평등한 리좀형의 접속이 이루어질 수 있었다. 서로 다른 두 신이 만나서 리좀형으로 접속한다는 것은 어느 한 신이 다른 한 신에게 함몰되어 정체성이 없어져 버리는 것도, 두 신의 정체성이 보존된 상태로 나란히 공존하는 것도 아니다. 서로 다른 두 신이 만나 계층도, 중심도, 이항대립도, 규칙도 없이, 상호 독립적이고 평등하게 연결 접속되는 리좀형의 접속을 이룰 때, 마치 데칼코마니를 찍어 내듯 그 둘의 정체성은 변하여 제3의 정체성으로 재탄생한다. 그렇게 탄생한 신은 어느 쪽도 단순히 모방하지 않으며, 어느 쪽에도 온전히 속하지 않는다.

이처럼 제3의 정체성이 탄생하는 과정은 전적으로 그들 정체성(상시 구축되어 있는 특정의 정체성)의 '바깥'이자, 정체성과 정체성의 '사이'에서 일어난다. 정체성의 '바깥-사이'란 그 어느 쪽에도 온전히 속해 있지 않으면서 모두에게 공통된 영역인 경계를 의미한다.

각자의 정체성을 이탈한 그리스 신들과 파르티아의 전통신들은 그들 공통의 경계인 정체성의 '바깥-사이'에서 그들 공통의 내재면-잠재성의 장을 구축하며 완전히 질적 변화를 이룬 무엇인가를 탄생시켰다. 그것은 온전한 그리스 신도 온전한 파르티아의 전통신도 아니며, 따라서 그것은 그리스 신들 안에 있는 것도, 파르티아 신들 안에 있는 것도 아니다. 그것은 상호 접속해서 서로의 기계들을 교환하고, 상호 간에 스며들고 뒤섞임으로써 생성되는 것이지만, 또한 접속하여 하나가 된 후에도 그것은 여전히 파르티아의 현지 신들임에는 변함이 없지만, 이때의 그리스 신들은 더 이상 그리스 신화 속의 신들이 아니며 파르티아의 신들 역시 순수한 조로아스터교의 신들이 아니다. 제우스와 아후라 마즈다의 접속, 아폴론과 미트라의 접속, 아테나와 아나히타의 접속, 헤라클레스와 베레트라그나의 접속…, 이 모든 경우의 접속이 탄생시킨 것은 이른바 질적 다양체로서 그 어느 쪽에도 속하지 않는 '제3의 신'이다.

불교라는 중심뿌리: 수목형의 접속

쿠샨 왕조에서 발흥한 불교는 중생구제를 모토로 하는 대승불교로서 이 시기 다양한 불상들이 대거 등장했다. 기본적으로 살생을 금하고 평화주의를 표방했던 불교는 타종교나 신화 속의 신들을 배척함이 없이 적극 수용하는 유화정책을 펼쳤는데, 약샤나 약시 같은 인더스 문명의 토속신들이나 인드라, 브라흐마 같은 인도 전통 브라만교의 신들은 물론, 미트라, 아나히타, 아후라 마즈다와 같은 조로아스터교의 신들, 그리고 당시 페르시아 지역에 진출해 있던 그리스 신들에 이르기까지 가리지 않고 받아들였다. 그 결과 쿠샨 왕조 시기 대승불교에서는 다양한 종류의 불상들이 탄생했다. 파르티아 왕조에서 발생했던 신들 간의 접속이 수평적으로 평등한 리좀형의 접속이었던 데 반해 쿠샨 왕조에서 이루어졌던 접속은 중심과 주변이 나뉘고 수직적 위계가 수립된 전형적인 수목형의 접속이라 할 수 있다. 이러한 현상은 당시 쿠샨 왕조에서 이미 불교가 크게 세력을 얻어 거대한 중심뿌리를 형성하고 있었음을 말해 주고 있다.

불교라는 중심뿌리는 타종교나 신화 속의 신들을 수용함에 있어서 마치 블랙홀처럼 강력한 힘으로 흡수하여 철저히 위계화된 불상의 조직도상에 배치했다. 그렇게 불교에 흡수된 신들은 민족과 종교, 각각의 지위고하를 막론하고 일제히 불상으로 거듭났다. 그중에는 조로아스터교의 태양신 미트라나 물의 여신 아나히타처럼 불보살(佛菩薩)이 된 신들도 있으나, 대부분 이교(異敎)의 신들은 불상의 서열에서 가장 낮은 위상을 차지하는 신장급에 배치되었다. 브라만교의 전통신 인드라와 브라흐마는 신장의 우두머리인 제석천과 범천이 되었으며, 역시 인도 전통의 4방위신에 해당하는 사천왕은 그보다 낮은 신장의 중간계급에, 그리고 야차, 가루라, 마후라가 같은 인도의 오랜 토속신들은 신장계급의 가장 낮은 팔부중 자리에 각각 배치되었다. 이처럼 수목형의 접속은 중심으로부터의 거리에 따라 서열이 정해지고, 그에 따른 위계질서가 수립된다.

쿠샨 왕조가 들어서기 이전, 파르티아 왕국에서 뿌리내렸던 그리스 신들 역시 불교에 흡수되어 팔부중급의 낮은 지위가 주어졌는데, 우리는 1부에서 제우스를 위시한 일련의 그리스 신들이 붓다의 호위무사에 해당하는 바즈라파니가 된 사연에 대해 살펴본 바 있다. 조로아스터교의 신들과 동등한 결연관계를 맺었던 파르티아 왕국에서와 달리 쿠샨 왕조의 그리스 신들은 지위고하를 막론하고 불상의 서열 중 가장 하등한 지위를 부여받았다. 이는 타문화의 수용에 있어 파르티아 왕국과 쿠샨 왕조의 입장 차이를 보여 주는 것으로, 무엇보다도 쿠샨 왕조에서 불교라는 중심뿌리의 힘이 얼마나 막강한 것이었는지를 여실히 나타내 주고 있다.

알렉산드로스의 동방원정 이후 셀레우코스 왕조와 박트리아 왕국, 그리고 파르티아 왕국을 두루 거치는 동안 그리스 문화는 타문화와 접속을 거듭하며 혼잡해질 대로 혼잡해졌으며, 그리스를 떠날 시기에 구축된 신들 본래의 정체성 역시 가늠하기 어려울 만큼 퇴색되어 있었다. 이처럼 정체성이 흐려지고 그런 만큼 본래의

그림 8 바즈라파니가 된 그리스신들—(왼쪽부터) 제우스, 디오니소스, 헤르메스, 사티로스

힘이 쇠약해진 그리스 신들은 불교라는 강력한 상대를 만났을 때 마치 블랙홀 안으로 빨려 들어가듯 맥없이 포획될 수밖에 없었으리라. 그렇게 불교와 접속한 그리스 신화의 주역들은 신들의 왕에서부터 하찮은 괴수에 이르기까지 불교라는 중심뿌리가 지니고 있는 강고한 위계질서 안에 예속되어 가장 낮은 서열의 지위에 배치되고 만다. 이는 파르티아 왕국에서 그리스 신들이 현지의 신들과 리좀적 접속을 함으로써 양쪽 어디에도 속하지 않는 제3의 신을 탄생시킨 것과 대조를 이룬다.

요컨대 리좀형의 접속이 상호 평등한 관계에서 맺어지는 결연(結緣, alliance) 같은 것이라면, 수목형의 접속은 어느 한쪽이 다른 한쪽을 일방적으로 흡수해 버리는 포획에 다름 아니다. 리좀형의 접속은 중심뿌리 없이 개체들 간에 직접적인 접속을 하므로 주

그림 9 불교에 흡수되어 간다라 지방의 불탑을 장식하고 있는 그리스 신화 속의 괴수. 켄타우로스와 트리톤이 혼합된 형태를 하고 있다.

와 종, 중심과 주변의 논리가 적용되지 않는다. 그들은 평등한 방식으로 상호 간에 소통하며 그들만이 생성할 수 있는 공통된 하나의 블록을 형성한다. 그렇게 결연 관계에서 이루어지는 리좀형의 접속은 어느 쪽도 일방적으로 재현하지 않으며, 그리하여 어느 쪽에도 온전히 속하지 않는 제3의 배치를 창조해 낸다. 반면 어느 한쪽이 다른 한쪽을 일방적으로 포획하는 수목형의 접속은 포획한쪽이 포획당한 쪽의 모든 차이를 흡수하여 소멸시켜 버리고, 자신의 재현에 불과한 동일한 배치들을 재생산한다. 따라서 바즈라파니와 접속한 그리스 신들의 경우, 제우스건, 헤르메스건, 디오니소스건, 사티로스건 할 것 없이 그들의 다양한 정체성은 모두 지워지고 일제히 바즈라파니라고 하는 하나의 패턴을 재현하게

되는 것이다.[4]

쿠샨 왕조 시대 신들의 접속을 이야기함에 있어 지난 박트리아 왕국에서의 접속양상을 되돌아보면 한 가지 의미심장한 공통점을 발견하게 된다. 그것은 이 두 나라에서 이루어졌던 그리스 신들과 현지 문화 간의 접속이 같은 수목형의 접속이라는 점이다. 수목형의 접속은 한마디로 중심과 주변 간의 접속이라고 할 수 있는데, 박트리아 왕국에서는 그리스 신들이 중심이었다면 쿠샨 왕조에서는 불교가 중심이라는 점에서 차이가 있을 뿐 둘 다 수목형의 접속이라는 점에서는 다르지 않다. 수목형의 접속은 중심뿌리에서 곁뿌리들이 규칙적으로 분기하는 형태를 취하므로 중심뿌리와 곁뿌리는 본성에 있어 결코 다른 것이 아니다. 이는 그리스 신들이 불교와 접속한 이상 불교라는 중심뿌리에서 뻗어 나온 곁뿌리에 다름 아니며, 따라서 중심뿌리인 불교의 본성을 고스란히 재현하고 있음을 말해 주고 있다.

바즈라파니가 된 그리스 신들의 경우를 볼 때, 바즈라파니가 된 제우스는 바즈라파니와 제우스가 일대일로 평등하게 결합하여 제3의 바즈라파니로 탄생한 것이 아니다. 바즈라파니는 불교라는 중심뿌리가 낳은 정형화된 직위의 하나이며, 불교라는 중심뿌리에 흡수된 제우스는 정형화된 바즈라파니의 형상을 복사기처럼 재현한 것에 불과하다. 따라서 이들이 접속한 결과 제우스는 바

---

4 바즈라파니는 '바즈라를 들고 있는 자'라는 뜻으로 개체화된 불상이 아닌 하나의 패턴 같은 것이어서 누구나 바즈라를 들고 붓다를 호위하면 바즈라파니가 된다.

즈라파니가 되었지만 바즈라파니는 제우스가 되지 않았다. 그 밖에 바즈라파니가 된 그리스 신들—디오니소스, 헤르메스, 헤라클레스, 사티로스 역시 마찬가지의 경우에 해당한다. 반면 파르티아에서 이루어졌던 신들 간의 접속은 중심과 주변의 관계가 아닌 독립적인 개체와 개체간의 접속으로, 이는 중심뿌리가 제거된 땅 밑 줄기들이 수평적으로 연결 접속하는 리좀형의 접속에 해당한다. 파르티아 왕조와 쿠샨 왕조에서 발생했던 신들 간 접속의 예에서 알 수 있듯이 리좀형의 접속은 접속함에 따라 본성이 변하지만 수목형의 접속은 제아무리 많이 이루어진다 해도 본성에는 변함이 없다.

뫼비우스의 띠: 뿌리의 마디와 리좀의 발아

서로 상반된 의미를 내포하고 있는 수목형의 접속과 리좀형의 접속은 그러나 결코 상호 간에 대척관계를 형성하지는 않는다. 확실히 이 둘은 동일성의 구축과 동일성으로부터의 탈주라고 하는 서로 다른 지향점을 향해 있지만 한편으로 이 둘은 '접속'인 이상 '현실화'로 나아가는 동일선상에 놓여 있기 때문이다. 이처럼 서로 다른 방식의 두 접속이 동일선상에서 마주할 때, 이들 사이에서는 힘의 교전이 발생할 수밖에 없으며, 이러한 힘의 교전은 상호작용하므로 상호 간에 영향을 주고받으며 서로의 흔적을 서로의 몸에 새기게 된다. 그리하여 "리좀에는 수목형 뿌리의 마디가 있고 수목형 뿌리에는 리좀의 발아가 있다".[5] 이처럼 수목형의 접속과 리좀형의 접속은 뗄 수 없는 관계로 얽혀 상호 침투하고 반전하며 현실화로 나아가되, 동일성의 고착화에는 대항한다. 그러므로 동일성은 제아무리 강고해 보일지라도 영구불변하는 것은 아니다.

유목민의 영토에 늘 물과 풀을 찾아 이동하고자 하는 욕망이 흐르고 있듯이, 모든 내재면에는 누수가 흐르고 있으며, 모든 영토에는 탈주선이 흐르고 있다. 따라서 주변의 기계들을 닥치는 대로 흡수하며 무서운 기세로 끓어오르던 불교라는 거대한 용광로에도 마침내 금이 가고 누수가 흐르기 시작했다. 이러한 현상은 문화 역시 탈주를 본성으로 하는 생명의 원리에서 벗어나지 않는 것임을 말해 주고 있다. 동일성의 고착화에 저항하는 생명의 흐름은 자체적으로 끊임없이 기계들을 가로지르고 뒤섞으며 상호 간에 이질적인 것들을 전염시키고 오염시킴으로써 정체성을 모호하게 흐려 놓는다. 그러다가 급기야는 보다 강력한 중심뿌리에 포획되어 크게 변질되는가 하면, 아예 흡수되어 절멸에 이르기도 하는데, 세나 왕국(1070~1230)에서 힌두교에 포획된 인도 불교의 양태가 그러하다. 어떤 면에서 탈주선은 리좀의 발아와도 같다. 접속의 강도와 응집의 정도에 따라 리좀에는 수목형 뿌리의 마디가 형성되기도 하고, 수목형의 뿌리에는 부단히 지속되는 탈주선의 저항에 의해 리좀의 발아 현상이 발생하기도 하는데, 이는 유목민의 영토

---

5 Deleuze et Guattari, *Mille plateaux*, p.30; 『천 개의 고원』, 45쪽 참조.

가 구축과 해체를 반복하며 늘 생성변화해 갈 뿐 고정불변의 하나
가 아닌 것과도 같다.

유목민이 영토를 구축하는 것은 영구히 머물기 위함이 아니
라 일시적으로 머물다 떠나기 위함이며, 유목민이 이동하는 것은
어딘가에 잠시 머물 곳을 찾기 위함이다. 이처럼 유목의 여정은 머
물러 있음과 떠나감의 연쇄작용으로, 서로가 서로의 꼬리를 물고
무한 순환된다. 그리하여 "수목형의 뿌리와 리좀은 뫼비우스의 띠
처럼 안과 밖이 꼬이면서 이어져 하나의 평면을 형성하고 있다".[6]
양립할 수 없는 이 둘이 공존할 수 있는 것은 존재에 있어 근원과
파생의 문제, 중심과 주변의 문제를 전통 존재론의 위계로부터 끌
어내어 하나의 평면 위에 나란히 세운 결과이다. 나무는 심층으로
뿌리를 내리지만, 리좀은 표면을 따라 증식한다. 그러나 리좀은 명
시할 수 없는 어느 지점에선가 수목형의 뿌리로 변하고 수목형의
뿌리 역시 미규정의 어느 지점에선가 리좀의 싹이 움트기도 한다.
이는 수목형과 리좀형이 결코 초월성의 사유에서 볼 수 있는 이항
대립의 관계가 아님을 환기시켜 주는 지점이다. 그러므로 차이생
성론은 동일성에 반대하지 않는다. 다만 고정불변하는 단 하나의
동일성에 반대할 뿐이다.

그리스 본토에서 시작된 신들의 여정에 있어 셀레우코스 왕
조를 거치고 박트리아 왕국에 이르기까지 변치 않는 동일성을 지
켜 온 수목형의 중심뿌리에 본격적으로 리좀의 싹이 움튼 것은 파

---

6   우노 구니이치, 『들뢰즈, 유동의 철학』, 194쪽 참조.

르티아 왕국에서의 일이었다. 파르티아 왕국에서 그리스 신들은 일제히 중심뿌리를 해체하고, 조로아스터교의 신들과 동등한 입장에서 결연관계를 맺은 사실에 대해 우리는 이미 알고 있다. 그중 가장 큰 인기를 얻었던 헤라클레스가 베레트라그나와 접속하여 제3의 전승신으로 재탄생한 일화에 대해서도 잘 알고 있다. 그러나 베레트라그나와 리좀형의 접속을 이루었던 헤라클레스는 쿠샨 왕조 시기에 이르러서는 불교라는 거대한 중심뿌리에 포획되어 불상으로 거듭나는 수목형의 접속을 이루게 된다. 그렇게 헤라클레스는 셀레우코스 왕조와 박트리아 왕국을 거쳐 파르티아 왕국에 이르기까지, 수많은 사건들과 더불어 생성변화해 온 정체성들(다양체들)을 모두 지우고 불상의 한 종류로서 붓다의 수호신장인 바즈라파니가 되었다.

그 후로 다시 리좀형의 접속이 거론되는 것은 간다라 지방에서 북동진한 불교와 함께 타림분지로 흘러든 사천왕에서의 일이다. 인도불교에서 탄생한 사천왕은 본래 인도 전래의 토속신으로, 동서남북, 사방위를 관장하던 사방위신(四方位神)이었다. 그렇게 사천왕은 탄생 시기에서부터 이미 오염된 상태였으며, 파미르고원을 넘어 타림분지에 이르러서는 당시 그곳에 침투해 있던 동아시아 문화와 또 한 번 접속함으로써 다양체를 늘려 가게 된다. 그렇게 해서 탄생한 것이 바로 동아시아의 사천왕이다. 그런데 여기서 한 가지 의미심장한 것은 인도의 사천왕에서는 헤라클레스와 접속한 흔적을 전혀 찾아볼 수 없다는 것이다. 동아시아 사천왕이 사자머리 견갑과 근육질의 몸을 하고 있는 데 반해 인도에서 만들

그림 10 붓다에게 발우를 공양하는 인도의 사천왕상. 인도의 사천왕상은 사자머리가 달린 갑옷을 입고 있지 않으며 신체 역시 근육질의 헤라클레스 형상이 아닌 인도 전통의 약시를 닮아 있다.

그림 11 사자머리 견갑의 갑옷을 입고 단련된 근육질의 신체형상에서 헤라클레스의 영향을 짐작게 하는 동아시아의 사천왕상

그림 12 헤라클레스 매듭을 한 금동 불두   그림 13 사자가죽으로 묶은 헤라클레스
매듭

어진 사천왕의 조상 어디에서도 그러한 모습은 찾아볼 수 없기 때
문이다.

　이러한 사실에 비추어 볼 때, 동아시아 사천왕과 접속한 헤라
클레스는 인도의 사천왕과는 무관하다는 것을 알 수 있다. 인도 북
부 간다라 지방에서 불교와 접속한 헤라클레스는 붓다를 수호하
는 바즈라파니가 되었을 뿐, 사천왕과는 개별적으로 접속하지 않
았던 것 또한 사실이다. 그렇다면 헤라클레스는 도대체 어떤 경로
로 타림분지에 흘러들어 와 동아시아 사천왕과 접속했던 것일까?
이 물음에 대한 해답의 열쇠를 우리는 비슷한 시기 타림분지의 호
탄지방에서 발견된 청동 불두(佛頭)에서 발견할 수 있었다. 청동
불두의 상투에 묶인 헤라클레스의 매듭이 타림분지의 헤라클레
스가 인도 불교와는 별개로 실크로드를 따라 전래된 로마 문화의
일부라는 것을 말해 주고 있었던 것이다. 어찌 되었든 로마를 떠난

헤라클레스는 타림분지의 동쪽 끝이자 동아시아로 통하는 관문인 둔황의 막고굴에서 사천왕과 만나 접속을 이루었다. 그 여정은 그리스에서 간다라 지방에 이르는 알렉산드로스의 동방원정로와는 다른 루트로, 그보다 늦은 시기(B.C. 1세기)에 열린, 로마에서 동아시아에 이르는 실크로드를 경유하는 것이었다. 그것은 로마를 출발하여 페르시아와 간다라를 지나 다시 파미르고원을 넘고 타클라마칸사막을 건너는 기나긴 여정이었다. 그 여정 중에 헤라클레스는 타림분지의 호탄에 족적을 남긴 뒤 둔황을 거쳐 동아시아로 진입한 것으로 보인다.

헤라클레스가 동아시아 사천왕으로 거듭난 것은 불교라는 중심뿌리에서 보면 수목형의 접속이자 일방적인 포획에 해당하겠지만 헤라클레스와 동아시아 사천왕 간의 일대일 관계에서 볼 때 이들의 접속은 일방적인 포획이 아닌 서로가 서로를 포획하는 이중포획에 해당한다. 이중포획은 상호 간의 포획이므로 결국 리좀적 접속에 다름 아니다. 동아시아의 사천왕상이 인도의 바즈라파니와 다른 점은, 바즈라파니는 바즈라를 손에 들고 있는 모든 신격들을 통칭하는 중심뿌리에 해당하지만, 동아시아 사천왕은 이미 불교의 사천왕이라는 중심뿌리에서 탈주하여 동아시아 문화와 리좀적 접속을 통해 새롭게 거듭난 경우에 해당한다는 것이다. 이는 당시 동아시아의 호국사상이 불교와 접속한 사실과 무관하지 않은데, 그 당시 이미 실크로드를 통해 유입된 헤라클레스를 접한 동아시아의 불교는 헤라클레스의 근육질 몸매와 사자를 맨손으로 때려잡은 용맹함을 모델로 하여 동아시아 특유의 전투용 갑옷을 입은 사천왕상을 탄생시켰던 것이다. 이렇게 해서 쿠샨 왕조에서 일방적으로 바즈라파니에 흡수되었던 헤라클레스는 동아시아 사천왕과의 접속에선 상호 동등한 입장에서 리좀형의 접속을 이루게 된다.

그러므로 동아시아 사천왕과 접속한 헤라클레스는 전적으로 동아시아 사천왕을 모방하지 않으며, 동아시아 사천왕 역시 일방적으로 헤라클레스를 재현하지 않는다. 리좀적 접속을 이룬 헤라클레스와 동아시아 사천왕은 마치 데칼코마니를 찍어 내듯이 질적 변화를 이루며 새로운 신으로 거듭나게 되는데, 이렇게 탄생한 제3의 신이 바로 오늘날까지도 제작되고 있는 동아시아의 사천왕상이다. 이로써 알 수 있듯이 리좀의 발아는 영토의 내부에서 발생하고 어느덧 탈주선을 그으며 탈영토화하지만, 또 다른 접속을 통해 재영토화하기에 이른다는 것이다. 그리고 이렇게 구축된 영토는 대부분 경우 다시금 생성된 탈주선을 타고 탈영토화로 나아가지만 때로 어지간해서는 탈주선을 허용하지 않는 정주민의 영토로 자리 잡기도 한다. 마찬가지로 리좀에서 응결된 뿌리의 마디는 천 년이 가도 변치 않을 강고한 뿌리로 성장하기도 하는데, 천오백 년 전에 구축되어 현재까지 이어져 오는 동아시아의 사천왕뿐만 아니라 소위 그리스 신화니, 인도 신화니, 페르시아 신화니 하는 고정된 신화체계에 속하는 신들 또한 예외는 아니다. 그들 역시 애초에 불변의 동일성을 지니고 있었던 것은 아니고, 접속과 탈주를 거듭하며 이어지는 생성의 흐름 어느 지점에선가 마치 퇴적층이 형성되듯, 유달리 높은 강도로 구축된 동일성에 다름 아니다.

타림분지 ①: 세상에서 가장 매끈한 공간

빗물이 홈 파인 도랑을 따라 흐르듯이 '홈 파인 공간'이 일정한 규칙과 질서가 존재하는 규정된 공간이라면 '매끈한 공간'은 어떠한 규칙도 질서도 없이 균등하게 열린 미규정의 공간을 의미한다.[7] 『천 개의 고원』 14장 '매끈한 것과 홈이 파인 것'에서 저자들은 직물(織物)과 펠트(felt)의 제작 과정을 예로 들어 이러한 홈 파인 공간과 매끈한 공간에 대해 설명하고 있다. 직물은 씨실과 날실이 교차하며 직조되지만, 그중 한쪽은 반드시 중심축을 이루는 고정된 공간을 형성함으로써 앞면과 뒷면의 차이가 발생하게 된다. 반면 펠트는 직물처럼 규칙적인 실의 교차에 의해 짜이는 것이 아닌, 유목민의 양탄자처럼 짐승의 털에 습기와 열과 압력을 가함으로써 발생하는 무한한 얽힘에 의해 만들어진다. 따라서 펠트는 직물과 달리 제작 과정에 있어 고정된 것과 유동적인 것의 구별이 없고, 그 결과 앞면과 뒷면의 차이도 발생하지 않는다. 이로써 일정한 규칙과 질서가 존재하는 직물은 홈 파인 공간에, 어떠한 규칙도 질서도 존재하지 않는 펠트는 매끈한 공간에 각각 해당한다는 것을 알 수 있다.

홈 파인 공간과 매끈한 공간이 함축하고 있는 규정성과 미규정성은 정주적 공간과 유목적 공간의 특징과도 일치한다. 미리 정

---

7 홈 파인 공간(striated space)과 매끈한 공간(smooth space)에 대한 보다 상세한 설명은 Deleuze et Guattari, *Mille plateaux*, pp.592~596; 『천 개의 고원』, 907~911쪽을 볼 것.

그림 14 직물

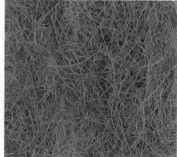

그림 15 펠트

그림 16 정주적 공간

그림 17 유목적 공간

해진 공간적 구조와 질서에 그들의 주거와 행동을 맞춰 살아가야
하는 정주민의 공간이 홈 파인 공간이라면, 주거와 행동을 규제하
는 구조와 질서가 존재하지 않는 열린 공간에서, 자신이 살아갈 공
간의 구조와 따라야 할 질서를 스스로 구축해 간다는 점에서 유목
민의 공간은 매끈한 공간에 해당한다. 홈 파인 공간과 매끈한 공간
이 상징하는 규정성과 미규정성은 수목형의 뿌리와 리좀에서도
찾아볼 수 있다. 중심과 주변의 수직적 위계가 존재하며, 중심뿌리

그림 18 수목형의 뿌리   그림 19 리좀

에서 주변뿌리들이 규칙적으로 분기하는 수목형의 뿌리가 홈 파인 공간이라면, 중심뿌리 없이 줄기에서 직접 분기된 땅 밑 줄기들이 횡적으로 직접 접속하는 리좀은 매끈한 공간에 비유할 수 있을 것이다. 결국 같은 내용을 다양한 방법으로 설명하고 있는 이들 개념 쌍은 한목소리로 존재의 바탕을 질서와 무질서, 규정성과 미규정성으로 나누어 볼 수 있음을 강조하고 있다.

　　오늘날 중국령 신장 위구르자치구에 해당하는 타림분지 일대는 유라시아 정중앙에 위치해 있어 고래로부터 여러 민족의 각축장이 될 수밖에 없었으며 자연히 사회 문화 전반에 있어서 고유의 전통이 깊이 뿌리내리기 어려운 환경이 조성되었다. 자연히 오래도록 유지해 갈 정주적 공간을 구축한다거나, 굳건한 지배체제를 갖춘 수목형의 질서를 수립하기에는 무리가 따랐으며, 주변의 모든 세력들을 함몰시킬 만큼 강력한 홈 파기 또한 쉽지 않은 상황이었다. 그렇다고 해도 홈 파인 공간을 구축하려는 움직임이 전혀 없었던 것은 아니다. 오히려 타림분지는 다른 어느 지역보다도 많은 민족들의 각축장이 되어 왔던 만큼 홈 파기의 움직임 또한 유라시아 어느 지역보다도 빈번하고 활발하게 시도되었다. 그러나, 역시 그런 이유로 해서 주변의 모든 세력들을 함몰시킬 정도의 홈 파인 공간이 구축되기 어려운 상황이었다.

타림분지 각 지역에서 발생했던 산발적인 홈 파기는 늘 다른 세력들의 방해와 공격에 노출되었으며, 급기야는 홈 파기 세력들 간의 충돌로 이어져 대개 오래 지속되지 못하고 좌절되기 일쑤였다. 그 결과 중심뿌리가 땅속 깊이 뿌리박히기도 전에 리좀의 싹이 움트고, 안정된 정주민의 영토가 구축되기도 전에 탈주선을 타고 위태롭게 이어지는 탈영토화와 재영토화의 순환이 반복되었다. 그리고 이처럼 깊고 장대한 홈으로 이어지지 못한 채 반복되는 짧은 홈 파기의 축적이 오히려 타림분지 전체를 하나의 매끈한 공간으로 덮어 버렸다. 방향을 잃고 난무하는 짧은 홈들로 뒤덮여 오히려 매끈해져 버린 공간, 마치 펠트처럼, 혹은 잭슨 폴록의 '올 오버 페인팅'[8] 그림 20처럼 시작과 끝도, 주와 종도, 중심과 주변도 없이 뒤엉켜 고르게 평등해진 공간으로….

---

8 올 오버 페인팅(all over painting)은 전통적인 구도에 의존함이 없이 화면 전체를 균질하게 가득 채우는 회화 기법을 말한다. 잭슨 폴록(Jackson Pollock, 1912~1956)은 액션 페인팅(action painting) 방식으로 올 오버 페인팅을 구사한 것으로 유명하다. 액션 페인팅은 말 그대로 캔버스에 물감을 흘리거나 뿌리는 액션-행위를 통해 회화를 구현하는 전위적(前衛的)인 예술장르로, 제2차 세계대전 후에 뉴욕을 중심으로 유행했으며, 잭슨 폴록은 대표적인 액션 페인팅 작가로 꼽힌다.

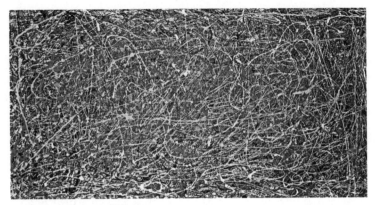

그림 20 잭슨 폴록의 올 오버 페인팅 작품

　이처럼 유라시아 전체를 통틀어 가장 매끈한 공간, 타림분지에는 유라시아 전역에서 발생했던 몇몇 특정의 문명권처럼 오랜 세월에 걸쳐 구축된 견고하고 단일한 정체성이 확립되기 어려웠다. 대신 유라시아 대륙을 관통하는 실크로드를 통해 세계 각지에서 흘러든 인종들과 그만큼 다양한 신화와 종교, 그리고 사상과 예술 등이 혼재했다. 이런 특성상 고대 중앙아시아 타림분지에는 전체를 통일하는 중심 원리도, 하나의 규범을 세우는 오랜 전통도 없었으며, 모든 사상과 문화를 결속하는 거대한 유기적 체계 또한 갖추고 있지 않았다. 단지 헤아릴 수 없이 많은 문화적 요소들이 제각각 단절된 기계들로 떠돌다 우연한 마주침으로 북적대는 카오스의 대지가 바로 타림분지의 얼굴 그 자체라 할 수 있을 것이다.

　타림분지가 유라시아의 중간지대에 자리해 있다는 것은 여러 면에서 매우 의미심장하다. '중간은 사물이 속도를 내는 곳'[9]이며, 모든 생성변화가 발생하는 곳이다. 시작과 끝은 속도가 제로인 지점으로, 모든 움직임이 완전히 멈춘 곳이지만, 중간지대는 늘 움직임으로 부산한 길이자 통로이기 때문이다. 중간지대는 또한 접속이 이루어지는 곳이다. 모든 생성변화하는 움직임들이 곧 접속운동을 의미하기 때문이다. 그리고 중간지대는 배치(현실로 구현된 다양체)의 발생 장소이기도 하다. 접속운동의 결과 발생되는 현실적 산물이 다름 아닌 배치이기 때문이다. 요컨대 중간지대는 사물들이 속도를 내며 부단히 움직이는 곳으로, 상호 간에 접속을 통해 배치를 낳는 곳이다. 이러한 중간지대의 특징들을 단적으로 드러내 주는 곳이 바로 중앙아시아 타림분지다.

타림분지는 유라시아의 중간지대로 실크로드가 관통해 흐르는 길이자 통로이다. 그 위로 명멸해 간 온갖 종류의 사상과 문화는 그 하나하나가 독립된 기계들로서, 다른 문화와 마주쳐 접속하고, 접속을 통해 다양한 배치를 이루며 끊임없이 차이 나는 것들을 양산해 갔다. 그런 이유로 타림분지에서 문화의 '원형'을 찾는 것은 큰 의미를 갖지 못한다. 그 원형이 어디에서 어떤 경로로 구축되었든 간에 일단 타림분지로 흘러들면, 매끈한 공간 위에 떨어진 물방울처럼 제멋대로 흩어져 길을 잃어버린다. 그렇게 낱낱이 분해된 원형들은 역시 산산이 분해된 다른 원형의 조각들과 우연히 마주쳐 한몸이 되기도 한다. 그렇게 (상호 접속하여) 배치를 이루어

---

9 Deleuze et Guattari, *Mille plateaux*, p.37; 『천 개의 고원』, 55쪽 참조.

그림 21 사랑의 신 에로스와 타림분지 유목민의   **그림 22** 북풍의 신 보레아스와 타림분지 쿠차 불상의 접속
접속

낸 온갖 잡다한 것들이 바로 타림분지 문화의 특징이다.

　시작과 끝이 없는 중간지대, 중앙아시아 타림분지는 중심뿌리의 지배하에 차이나는 모든 것들을 흡수해 버리는 거대한 홈 파인 공간을 구축하지 않는다. 결코 하나의 중심으로 귀착하지 않으며, 하나의 동일성을 재현하지도 않는다. 그러므로 타림분지에서 마주치는 모든 것의 첫 근원지를 묻지 말아야 하며, 마침내 도달해야 할 목적지도 상정하지 말아야 한다. 타림분지는 시작도 끝도, 중심도 주변도, 근원도 파생도 없이 오로지 만남과 접속이 이루어지는 곳이기 때문이다. 또한 서로 다른 차이들이 살아 숨 쉬고, 그 차이들이 상호 간에 리좀적 접속을 이루며 더 많은 차이들을 생성하고 증식해 가는 곳이기 때문이다. 그리하여 생명을 배태한 알처럼 현실로 구현될 수 있는 배치들이 무수한 다양체로 잠재해 있는 곳, 요컨대 타림분지는 그 자체로 거대한 잠재성의 장이자 매끈한 공간이다.

타림분지 ②: 리좀과 패치워크의 공간

홈 파인 공간과 매끈한 공간의 특징은 자수(刺繡)와 패치워크 (patchwork)의 제작 과정에서도 찾아볼 수 있다. 자수는 일정한 패턴과 테마가 우선적으로 주어지며 정해진 테마에 맞게 수를 놓아 패턴을 메꿔 나간다. 패턴과 테마가 고정불변의 법칙이자 질서라고 한다면, 색실로 수를 놓아 패턴을 메꿔 나가는 과정은 패턴을 재현하는 행위가 된다. 이처럼 고정불변의 질서가 존재하며 그것을 재현하는 행위가 따른다는 점에서 자수는 홈 파인 공간에 해당한다. 한편 패치워크는 조각보 공예에서 볼 수 있듯이, 정해진 패턴도, 따라야 할 테마도 없이, 천 조각들을 늘어놓아 조합하고 구성하는 방법이 거의 무한대로 펼쳐질 수 있다는 점에서 매끈한 공간에 비유할 수 있겠다.

이로써 매끈한 공간은 대리석처럼 매끄러운 표면을 가진 균일한 공간이 아니라, 홈 파인 공간과 달리, 특정의 형상(形相)이나 형식(形式)의 지배를 받지 않는 무형(無形), 무정형(無定形)의 공간

그림 23 자수

그림 24 패치워크

이라는 것을 알 수 있다. 따라서 매끈한 공간은 형상이 없는 질료의 세계에 해당한다. 형상이 주어지지 않은 질료는 형태 없는 진흙 덩어리와도 같아서 이러한 무형의 진흙 덩어리로 빚어낼 수 있는 형상은 무궁무진하다. 이는 정해진 패턴도, 주어진 테마도 없이 낱낱의 천 조각들을 연결 접속하여 무한에 가까운 조합을 이끌어 내는 패치워크의 제작 과정과도 일치한다.

패치워크의 제작에 있어서 미리 정해진 것이라곤 아무것도 없다. 따라야 할 법칙도, 나아가야 할 방향도, 최종적인 목적지도 없다. 확실한 것이라곤 단 하나, 바로 다음에 연결될 단 하나의 천 조각이다. 따라서 패치워크 제작에 있어 처음부터 정해진 패턴이란 없으며 낱낱의 천 조각들이 접속한 결과 발생하는 배치들이 그 자체로 패턴이 된다.[10] 이렇게 구축된 패턴은 오로지 하나도 아니고, 고정불변하는 하나도 아니다. 그러므로 작품이 만들어지는 원인은 패턴에 있는 것이 아니라 천 조각 하나하나에 있다. 천 조각 하나하나의 모양과 색상, 절단된 경계면 등이 기준이 되어 다음에 이어 붙여질 천 조각이 결정된다. 그러나 이때의 기준은 다음 단계에서는 적용되지 않는 일회성의 기준이다. 따라서 한 조각 한 조각 연결 접속될 때마다 그에 맞춰 새로운 기준이 세워져야 한다.

이처럼 전체를 결정하는 패턴이 먼저 존재하고, 개개의 천 조

---

10 패치워크가 기본적인 패턴하에 제작되는 경우도 있을 수 있겠지만, 패치워크는 본래 물자가 넉넉지 않았던 시기에 옷을 짓고 남은 자투리 천 조각들을 이어 붙여, 보자기나 이불보 등을 만들어 사용하던 것에서 유래한다. 여기서는 패치워크 본래의 취지를 반영한 것이다.

각들이 정해진 패턴을 재현해 가는 것이 아니라, 역으로 천 조각 하나하나가 연결되는 국지적 접속이 전체의 패턴을 결정해 가는 것이 바로 패치워크의 제작 방법이다. 이는 마치 주어진 거주공간이 유목민의 발걸음을 이끌고 규제하는 것이 아니라, 역으로 대지와 접속하는 유목민의 발걸음들이 그들의 거주 공간을 결정해 가는 것과도 같다. 그렇게 유목의 여정 중에 영토의 형상이 구축되기도 하고 해체되기도 하면서 영토 전체의 위상이 변모되어 가는 것처럼, 천 조각들의 자유로운 이동과 연결조합에 의해 하나의 패턴이 구축되기도, 해체되기도 하면서 패치워크 전체의 위상 또한 다양하게 변모되어 간다.

타림분지는 그 자체로 하나의 거대한 패치워크라고 할 수 있다. 이는 타림분지 내의 차이 나는 모든 것들, 즉 다양체들을 하나로 아우르고 결속시키는 홈 파인 공간이 구축되어 있지 않기 때문이다. 한마디로 타림분지에는 전체를 관통해 흐르는 장대한 역사의 물줄기가 존재하지 않는다. 그 대신 타림분지는 짧은 기억들과 불연속적인 작은 이야기들이 리좀처럼 연결 접속되는 무수한 통로를 가지고 있다. 길게 연속적으로 이어지는 하나의 통로가 아닌, 어디로 들어가도 상관없는 수많은 입구를 가진 다수의 통로를…. 그러므로 타림분지를 이야기함에 있어서 시간은 반드시 과거에서 미래로 흐를 필요가 없으며, 역사 또한 무한정 계속될 필요가 없다. 타림분지에서 중요한 것은 역사학이 아닌 지리학이다. 타림분지에서는 시간조차 상대적으로 흐른다. 역사의 어느 한 시대를 마름질해 놓고 보아도, 거기에는 크고 작은 나라들이 빚어내는 흥

그림 25 왼쪽부터 시대순으로 아르카익기(고졸기古拙期), 고전기, 헬레니즘기로 이어지는 양식의 변천사를 보여 주는 그리스 조각 작품

망성쇠의 번다함과, 서로 다른 속도로 흘러간 시간의 파편들이 뜬금없이 소환된다. 장소에 따라 때로는 조급하게, 때로는 한없이 느린 속도로 엉겨 붙은 시간의 조각들은 타림분지 문화를 한없이 복잡하고 다채로운 하나의 패치워크로 만들어 놓았다.

타림분지의 예술 또한 역사 속에서 전개되는 장대한 스토리가 아닌 패치워크처럼 비유기적이고, 비조직적인, 조각난 이야기들의 조합으로 채워져 있다. 물론 역사적 고찰이 불필요한 것은 아니나 타림분지 예술에 있어서 역사의 흐름을 타고 전개되는 연속성이나 시대별로 나타나는 양식상의 유기적 관계를 논하기에는 무리가 따른다는 것이다. 그러므로 타림분지 예술에 있어 양식의 변천사를 논하기보다는 지역에 따라 달라지는 양식의 차이에 보다 주목해야 한다. 설사 역사의 흐름을 따라 전개한다 해도 그리스

미술 양식에서 볼 수 있듯, 홈 파인 공간에서 단일하게 이어지는 양식의 변천사를 논하기는 어렵다. 그러므로 타림분지 연구는 역사를 따라 전개되는 긴 홈 파기가 아닌 지역적 특성에 입각한 다수의 짧은 홈 파기를 따라가야 한다. 그 결과 만나게 되는 것은 불연속적이고, 무질서하고, 복잡하고, 다채로운 하나의 거대한 패치워크다.

고정불변하는 정체성으로부터의 해방: 되기, 그리고 증식

쿠샨 왕조에서 홈 파인 공간-정주적 공간을 구축하고, 수목형의 거대한 중심뿌리를 형성했던 불교는 북방 루트를 타고 중앙아시아의 타림분지로 흘러들면서 사뭇 다른 양상으로 전개되었다. 매끈한 공간에 유입된 불교는 더 이상 쿠샨 왕조에서와 같이 막강한 중심뿌리 역할을 할 수 없었으며, 모든 문화를 흡수하여 동일한 물줄기 안에 복속시키는 홈 파인 공간을 구축하지도 못했다. 따라서 어느 한때 타림분지 안의 여러 오아시스 도시에서 불교가 크게 번성했던 적도 있었지만, 쿠샨 왕조처럼 타림분지 전체를 아우르는 통일된 불교왕국을 건설하는 데는 실패했다. 그러기에 타림분지의 문화는 너무도 다양하고 유동적이었다. 그 안에서 불교문화 역시 하나의 기계가 되어 다른 기계들과의 우연한 접속을 통해 변종을 낳고 또 낳으며 다양한 변종들만이 잡초처럼 무성하게 증식해 갔다. 현재까지 타림분지에 남아 있는 불교 조형물들을 통해 우리는 쿠샨 왕조에서 구축된 원형들이 얼마나 변형되었

그림 26 북풍의 신 보레아스와 사랑의 신 에로스의 변신

는지, 또한 그리스 신들은 그들의 정체성으로부터 얼마나 멀어졌는지를 여실히 확인할 수 있다.

정체성으로부터 멀어졌다는 것은 그만큼 원본이 크게 변형되었다는 것을 의미한다. 타림분지에서 발견된 얼마 되지 않는 그리스 신들의 조형물에서 우리는 그 증거를 찾아볼 수 있다. 뻣뻣하게 솟은 머리카락과 더부룩한 수염, 어깨에는 한 쌍의 날개를 달고, 크게 부푼 바람자루를 지닌 북풍신 보레아스는 페르시아를 지나 타림분지로 날아오는 동안에 실로 드라마틱한 변화를 겪었다. 간다라 지방을 거치면서 가슴에 품고 있던 바람자루는 흡사 낙하산을 연상케 하는 천으로 변했으며, 다시 히말라야 산맥을 넘어 타림분지에 이르러서는 인도식 터번으로 머리를 감싸고, 가슴은 풍요의 여신처럼 풍만해진 모습으로 변해 있었다. 한편 어린 에로스의 곱슬곱슬한 금발머리는 정수리에만 한 줌의 머리털을 남기고 모두 삭발해 버리는 북방 유목민족의 변발이 되어 있었다.

본래의 정체성에서 가장 멀리 간 것은 타림분지의 동쪽 끝 둔황의 막고굴에서 발견된 헤라클레스였다. 비록 고대 동아시아 괴수의 얼굴을 하고 있고 몸은 갑옷으로 무장한 사천왕의 형상을 하고 있지만, 갑옷에 싸인 근육질 몸매와 어깨를 감싼 사자머리 견갑은 그가 그리스 신화 속의 영웅 헤라클레스임을 말해 주고 있다. 이처럼 둔황에서 만난 헤라클레스는 그가 알렉산드로스를 따라 동방원정 길에 오른 이래로, 그리스와 페르시아 문화가 결합되어 탄생한 헬레니즘의 신들이, 인도 전통의 힌두교와 불교의 신들이, 그리고 도교의 역사(力士)와 괴수 도철 같은 동아시아 고유의 신들이 모두 중첩되어 더욱 복잡해진 또 하나의 다양체가 되어 있었다.

헤라클레스가 그리스에서 동아시아에 이르기까지 거듭해 온 변신의 과정을 볼 때, '되기'란 고정된 하나의 항에서 다른 항으로 이행해 가는 단일한 선상에 있는 것이 아니라, 각각의 리듬과 시간성을 가진 상이한 지속들로 이루어져 있다는 것을 알 수 있다. 헤라클레스가 베레트라그나와 접속하여 전승신이 되는 것과 헤라클레스가 불교와 접속하여 바즈라파니가 되는 것, 그리고 헤라클레스가 동아시아 전통과 접속하여 동아시아 사천왕이 되는 것은 각기 다른 강도와 속도를 가지고, 각기 다른 시간과 공간 속에서, 각기 다른 방향을 향해 그려 가는 지도에 비유할 수 있겠다. 그러므로 '되기'란 여러 개의 출구와 방향을 가진 '지도 그리기'(cartography)라고 할 수 있을 것이다. 지도 그리기는 복사(copy)가 아니므로 동일성을 재현하지 않는다. 그것은 언제나 '다른 것 되기'이며, 결코 교환될 수 없는 '단 하나의 생성'이자, 늘 새로운 차이들을 창조해 내는 것이다. 그러므로 '되기'는 우발적인 사건이며, 규칙도 법칙도, 이기는 자도 지는 자도 없이 오직 '다른 것 되기'만을 목적

그림 27　동아시아 괴수의 얼굴(왼쪽)을 한 사천왕상(오른쪽)

그림 28　동아시아 사천왕의 사자머리 견갑(왼쪽)과 헤라클레스 어깨 위에 걸쳐진 사자머리 가죽(오른쪽)

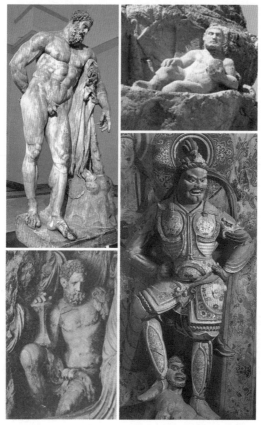

그림 29　(왼쪽 위부터 시계 방향으로) 그리스, 파르티아, 둔황, 간다라의 헤라클레스

으로 던져지는 주사위 놀이와 같다.

　이처럼 타림분지라는 거대한 탈기관체-잠재성의 장에서도 낱낱이 탈구된 기계들이 서로 다른 강도와 속도로 그려 가는 지도 그리기는 계속되었으며, 그에 따라 '다른 것 되기' 또한 계속되었다. 북풍신 보레아스는 어쩌다가 쿠차의 석굴사원까지 날아와 불국토를 장식하는 붓다의 권속이 되었으며, 어쩌다가 미란의 불교 사찰까지 날아온 사랑의 신 에로스는 머리 형태를 변발로 바꾸고, 죽은 자들을 명계로 인도하는 저승사자가 되었다. 어쩌다가 그렇게 되었다. 그런가 하면 끊을 수 없는 강인함을 상징하는 헤라클레스의 매듭은 타림분지의 불교왕국 호탄에서 불상의 머리와 우연히 접속하여 악귀를 물리치는 부적으로 거듭났다. 이러한 '되기'는 어느 한쪽이 다른 한쪽으로 되기가 아닌 '상호되기'이며 서로가 서로를 포획하는 '이중포획'에 해당한다. '상호되기'와 '이중포획'은 둘 중 어느 쪽도 아닌 둘의 사이, 둘의 바깥에서 이루어져서 둘 모두와는 다른 방향으로 흘러간다. 점점 멀리….

　그리스 신화 속의 북풍신 보레아스와 일본 교토의 쇼소인에 있는 바람신 사이는 얼마나 먼 거리일까? 그리스 신화 속, 사랑의 신 에로스의 날개와 도교의 선녀가 입고 있는 날개옷의 거리는? 그리고 그리스 영웅신 헤라클레스의 사자가죽과 동아시아 사천왕의 어깨를 덮고 있는 사자머리 견갑 사이의 거리는? 그 사이에는 또 얼마나 많은 다양체들이 북적대고 있을까? 현실화되지 못한 채 얼굴을 잃어버린 숱한 배치의 계열들이….

　확실한 것은 되기란 헤라클레스 속에 있는 것도 아니고 사천

그림 30 북풍신 보레아스와 교토 쇼소인의 바람신

그림 31 에로스의 날개와 선녀의 날개옷

그림 32 동아시아 사천왕의 사자머리 견갑(왼쪽)과 헤라클레스 어깨 위에
걸쳐진 사자머리 가죽(오른쪽)

그림 33 (왼쪽부터) 중국, 한국, 일본의 동아시아 사천왕

왕 속에 있는 것도 아니라는 것이다. 그럼에도 불구하고 그 둘은 서로 접속하고 뒤섞이고 교환되어야 하는데, 그것은 전적으로 존재와 존재의 '사이-바깥'에서 이루어져 끝없이 '다른 것 되기'를 증식해 간다. 헤라클레스와 접속하여 탄생한 동아시아 사천왕은 다시 동아시아 각 지역, 각 시대, 각 민족들과 접속하며 차이나는 사천왕들을 낳고 또 낳았다.

결국 세상을 가득 채운 것은 '동일한 것'이 아닌 '서로 다른 것' 즉 '차이'들이다. 이들은 부단히 탈주선을 긋고, 리좀을 싹틔우며, 이종교배함으로써 유전적 진화에 대항하여 승리를 거둔 잡종들이다. 아니, 다른 각도에서 보면 이들은 모두 유전적 진화의 라인에서 도태된 낙오자들이다. 규칙도 법칙도 없이 오직 '다른 것 되기'만을 목적으로 던져지는 주사위놀이, 그 승자 없는 전쟁터에서 살아남은 패자들이다. 환언하면 이들은 모두가 지는 게임의 승자들이다.

그렇게 곁뿌리를 양산하는 나무처럼 자신의 유전자를 널리 퍼트림으로써 자신의 영토를 넓히고 권력화하는 대신, 리좀처럼 뿌리내림을 삼가고 절제함으로써 오히려 널리 퍼진 잡초들이다.

차이생성의 원리는 생명의 진화가 나무의 뿌리처럼 규칙적으로 분기하는 것이 아니라 잡초처럼 자유분방하게 증식해 가는 것임을 말해 준다. 그러므로 생명의 진화는 하나의 중심이자 근원을 재현하는 것이 아닌 끊임없이 서로 다른 것-차이를 창조해 가는 것이라고 할 수 있다. 이른바 동종교배에 의한 유전적 진화가 아닌 이종교배에 의한 비평행적 진화를 이루어 가는 것이다. 하나의 생명체가 다른 생명체와 접속하면 전자도 후자도 재현하지 않는 제3의 생명체가 탄생한다. 그러므로 생명은 진화할수록 자신의 유전자를 널리 퍼트리는 것이 아니라 서로 다른 종들을 끊임없이 증식해 간다. 동방과 실크로드상에서 전개되었던 그리스 신들의 변천 과정은 바로 이러한 생명의 원리에 입각해서 해석되는바, 요컨대 신화 역시 생명이다. 생명은 도달해야 할 목적지도 정하지 않은 채 언제나 이미 출발해 있다. 그러므로 생명에는 출발점도 도착점도 없다. 다만 상호 간에 접속을 통해 끝없는 차이를 만들어 가는 중간지대가 있을 뿐이다. 그러므로 신들의 정체성 역시 애초에 오염으로 시작되어 끝없이 잡다한 것들을 생산해 냄으로써 점점 더 혼잡해져 갔다. 그렇게 시작도 끝도 없는 유목의 여정이 빚어낸 무한 증식의 스토리들이 바로 신화의 본질이자 곧 생명이 본질이다. 그러므로 엄밀히 말해서 세상의 모든 신화는 제3의 신화이며, 세상의 모든 신들은 제3의 신이다.

2부를 맺으며

문화는 생명이다

무언가의 근원을 찾아 거슬러 오르는 일은 곧 출구 없는 미로 안으로 들어서는 것을 의미한다. 그러므로 일점 근원을 추적하면 추적할수록 더욱 실체를 알 수 없는 미궁 속으로 빠져들게 된다. 역사의 꼭대기에 드리워진 신화의 구름처럼, 우주의 시초에 드리워진 양자(量子) 구름처럼, 선택을 종용하며 미로 속에 열린 무수한 입구들은 짙은 안개구름에 싸인 채 시야를 흐려 놓는다. 따라서 시원을 향해 거슬러 오르던 발걸음도 어느 지점에선가 멈춰 서성일 뿐 더 이상 앞으로 나아가지 못한다. 일점 근원은 결코 하나가 아니다. 그것은 애초에 하나임을 무산시키는 많은 움직임들로 이루어져 있다. 마치 수많은 벌들이 한데 뭉쳐 구축해 놓은 모종의 구조물처럼, 작은 벌들의 신체와 쉴 새 없이 웅성대는 신체들의 움직임이 고정된 하나의 원형을 대체한다. 그러므로 그것은 이미 하나가 아니다. 영구불변하지도 않는다. 그렇게 하나는 처음부터 여럿이었으며 그 자체로 끊임없이 자리를 바꾸고 위치를 변경시키므로 늘 불안하고 위태로웠다.

원형을 찾는 것만큼이나 경계를 가르는 것 또한 애매하다. 서양인들이 그들의 정신적 원형으로 삼았던 그리스 철학을 비롯하여 그리스 문화 전반에는 이미 동방문화의 여러 요소들이 침투해 있었다. 그러므로 근원을 거슬러 올라 원형을 찾는 것, 그리하여 정체성과 동일성을 확립하는 것과 문화와 문화 사이에 경계를 세우는 것은 분리해서 생각할 수 없다. 특정 지역의 문화가 형성되기 이전에 이미 거대한 문화의 흐름이 먼저 있었다. 그 흐름을 구성하고 있는 것은 분화(分化)된 문화 개개의 집합이 아닌, 미분화(未分化) 상태의 셀 수 없이 많은 문화적 요소들이다. 이처럼 무한한 요소들로 이루어진 문화의 흐름은 곧 문화의 신체(body)라고 할 수 있다. 신체는 그 자체로 다시 무수한 입자들을 포함하며 그 입자들 간의 운동과 정지, 빠름과 느림의 관계로 신체의 정체성과 개별성이 결정된다. 그러므로 개개의 요소들이 모여 흐르는 문화의 신체는 마치 벌떼의 움직임처럼 자체의 강도와 속도에 의해 응축되기도 하고 이완되기도 한다.

그리하여 지각변동이 어느 시점에서 지층을 형성하듯이, 또는 하천의 흐름이 어느 지점에서 지형을 결정하듯이 문화의 신체는 다양한 모양을 만들어 가며, 개중에 더러는 상당히 견고해 보이는 정체성을 구축하기도 한다. 인류의 문명은 그렇게 개별화되었으며 그리스 문명 또한 예외는 아니다. 다른 한편 고유의 정체성을 구축한 문화의 신체는 다른 신체와 접속하여 상호작용하며 상대를 변용시키기도 하고 스스로 변용되기도 한다. 이렇게 자체 내의 강도와 속도에 의한 응축과 이완을 경도(經度)로 하고, 다른 신체와의 상호작용에 의한 변용을 위도(緯度)로 하여 문화는 끊임없이 새로운 지도를 그려 나간다. 그 과정에서 구축된 문화의 정체성은 아무리 견고해 보여도 영구불변한 것은 아니다. 앞서도 언급했듯이 정체성이 구축되기 이전에 무한한 변이(變移)의 흐름이 먼저 있었다. 어떤 계기로 그 무한 변이의 흐름에서 하나의 정체성이 구축되었다. 그 정체는 아무리 확고해 보여도 그 자체로 무수한 변형의 가능성들이 미로의 입구처럼 심란하게 열려 있다.

그 정체의 본질을 찾고자 미로 속으로 뛰어든다 해도 끝내 발견하지 못할 것이다. 애초에 고정불변의 정체성, 동일성, 이데아 따위는 없기 때문이다. 단지 벌떼가 구축해 놓은 구조물처럼 무리를 구성하는 낱낱의 입자와 그것들의 움직임만이 존재의 본질을 이룬다. 알렉산드로스가 동방원정을 통해 이식한 그리스 문화 역시 한 무리의 벌떼가 구축해 놓은 가변적이고 위태로운 구조물에 다름 아니며 또한 정복지의 문화 역시 그러했다. 한 무리의 벌떼가 이동해서 다른 벌떼무리와 접속하고 침투하여 상호 간에 변용시키기도 하고 변용되기도 한다. 이것이 곧 자연의 법칙이자 생명의 원리이다. 요컨대 문화 또한 생명이다.

세상의 모든 접속

유목미학이 기반으로 하고 있는 유목론-차이생성론은 전통 존재
론에 반하는 생성론 계열의 사유에 속한다. 생성론에 입각해 볼
때 모든 존재는 생성, 운동, 변화를 속성으로 하는 생명, 그 자체
라고 할 수 있다. 생명은 한 순간도 멈춰 있지 않으며 끊임없이 운
동하고 생성변화한다. 신화 속의 신들 역시 한곳에 머물지 않고
이동하며, 이동 중에 다른 신들과 접속함으로써 성질과 외형 모
든 면에서 부단히 변해 간다. 이는 본서의 제목이『신들의 여행』
인 이유이기도 하다. 본서의 2부에서 다루어졌던 신들의 정체성
분석은 큰 시각에서 볼 때 문화현상에 대한 분석이라 할 수 있을
것이다. 그렇다고 할 때 문화란 무엇인가?

　문화의 개념은 고대 로마에서 천연(天然), 즉 자연의 반대개
념으로 탄생했다. 문화는 '자연적인 것', '원시적인 것', '야생적인
것'에 대립되는 '다듬어진 것', '경작된 것', '인공적인 것'을 의미했
으며 무엇보다도 '야생의 식물'과 달리 '인간이 재배한 식물'을 가

리켰다.[1] 여기서 우리는 문화가 '식물'에 비유되었다는 사실에 주목해야 한다. 식물은 생명체이며, 생명은 생성하고 운동하고 변화하는 속성을 지닌다. 문화 역시 생명이라는 속성상 불변의 원형을 복사기처럼 재현해 내는 것이 아니라, 제 스스로 끊임없이 이동하고, 상호 접속을 통해 새로운 문화를 탄생시킨다. 이러한 생명의 속성은 역시 끊임없이 이동하며 영토를 구축하고 다시 해체하기를 반복함으로써 부단히 영토의 위상을 바꿔 놓는 유목민의 삶과도 닮아 있다. 이처럼 유동하고 생성 변화하는 문화현상에 초월성의 잣대를 들이미는 순간 그 생명은 본래의 활달한 속성을 잃어버리고 온기와 핏기가 사라진 싸늘한 부동(不動)의 공간으로 멈춰 버린다.

이데아론을 비롯한 초월성의 사유는 다름 아닌 공간적 사유라고 할 수 있다. 정적인 공간을 대상으로 이루어지는 분석은 생명의 본성이라 할 수 있는 시간의 흐름을 인위적으로 재단하여 공간화된 규범의 틀 안에 가둬 버린다. 환언하면 일정한 형식으로 규범화된 틀은 모든 차이 나는 운동들을 규정된 공간의 형식 안으로 흡수하여 소멸시켜 버린다. 그러므로 전통 존재론의 초월적 사유는 모든 존재가 하나의 중심으로 환원되는 수목형의 사유에 해당한다고 할 수 있다. 수목형의 사유는 이분법에 의해 중심과 주변을 나누고, 무수한 차이들을 하나의 중심원리로 흡수하여 개개의 특성들을 모조리 지워 버린다. 문화의 유형이 이와 같은 초월성의 원

---

1   모이세이 카간, 『문화철학—발췌』, 이혜승 옮김, 지식을만드는지식, 2009, 17쪽.

리에 입각할 때 근원과 파생, 원형과 모방이라고 하는 이분법적 논리의 지배를 받지 않을 수 없으며, 이러한 이분법의 잣대로 문화를 재단할 때 모든 문화에는 필연적으로 주(主)와 종(從)의 위계가 세워지고 그로부터 우등과 열등의 가치가 매겨지게 된다.

그러나 중심뿌리가 제거된 채 개체들 간에 직접 접속하는 리좀의 원리에 입각할 때 모든 문화는 리좀적 접속을 통해 다양체를 생성한다. 다양체의 원리는 궁극적으로 중심과 주변의 논리, 근원과 파생의 논리에 의한 주종적(主從的) 위계질서에 대항하고, 다양한 차이를 긍정하는 평등한 관점을 지향(志向)한다. 이는 궁극적으로 유목미학이 지향하는 바이기도 하다. 그런 점에서 유목미학의 저변에는 유목론의 원리를 적용해 모든 생명의 평등함을 밝히고자 하는 입장이 깔려 있다고 할 수 있으며, 이 글을 통해 드러난 '신들의 정체성은 곧 다양체'라고 하는 결론은 이러한 유목미학의 입장을 뒷받침해 주고 있다 하겠다.

역사적 맥락에서 살펴볼 때, 유목론의 위상은 서구 전통 사유의 중심 테마라 할 수 있는 '이데아의 모방' 혹은 '형상(形相)의 재현'으로부터 가장 먼 곳에 자리하고 있다. 따라서 서구 전통 초월성의 사유에서 모든 존재는 '재현'의 원리를 따르는 반면 내재성의 사유에 속하는 유목론에서 모든 존재는 창조의 원리를 따른다. 그렇다면 새삼 창조란 무엇인가를 묻지 않을 수 없다. 굳이 '하늘 아래 새로울 것이 없다'라고 하는 해묵은 아포리즘을 들먹이지 않더라도 우리는 잠재성의 구현, 그리고 리좀적 접속의 원리를 통해, 창조란 어느 먼 하늘에서 뚝 떨어지는 것도, 공허의 대지에서 불쑥 솟아오르는 것도 아니라는 것을 알 수 있다.

　유목민의 영토에 무수한 유목 공간들이 잠재해 있듯이 무수한 다양체들이 탈구된 기계의 상태로 북적대는 탈기관체-내재면-잠재성의 장에서 접속을 통해 배치를 이루면 그게 곧 생명의 탄생이자 창조가 되는 것이다. 그런 의미에서 창조의 실마리는 '접속'에서 찾을 수 있을 것이다. 이러한 유목론의 원리에 입각할 때 유목미학은 재현이 아닌 창조를 구현하는 학문으로서 '세상의 모든 접속'에 관한 담론이라고 정의할 수 있을 것이다. 궁극적으로 유목미학이 나아갈 길은 접속이라는 창조적 실천을 통해 메마른 추상적 개념들이 '살아 있는 노래-외침'이 되어 삶 속에서 살아 숨 쉬게 하는 것이다.

참고문헌

신화 · 종교

교양교재편찬위원회 엮음,『불교문화사』, 동국대학교출판부, 2001.

다카사키 지키도 외,『인도 불교사』, 권오민 옮김, 경서원, 1985.

마쓰나가 유케이,『밀교역사』, 허일범 옮김, 경서원, 1990.

베로니카 이온스,『인도신화』, 임웅 옮김, 범우사, 2004.

베스타 S. 커티스,『페르시아 신화』, 임웅 옮김, 범우사, 2003.

이윤기,『그리스 로마 신화』전5권, 웅진지식하우스, 2000.

이은구,『인도의 신화』, 세창미디어, 2003.

전인초 외,『중국신화의 이해』, 아카넷, 2002.

조지프 캠벨,『신의 가면 III: 서양신화』, 정영목 옮김, 까치, 1999.

중국사회과학원불교연구실 엮음,『중국불교와 불교문화』, 남현옥 옮김, 우리출판
사, 1993.

上村勝彦 著,『インド神話』, ちくま學藝文庫, 2011.

ミルチア.エリアーデ,『世界宗教史1』, 島田裕巳 譯, ちくま學藝文庫, 2008.

_____ ,『世界宗教史2』, 島田裕巳 譯, ちくま學藝文庫, 2010.

_____ ,『世界宗教史3』, 島田裕巳 譯, ちくま學藝文庫, 2008.

杉山一郎,『佛敎文化の回廊』, 靑土社, 1998.

長澤和俊 監修, 「佛敎傳來の道」,『季刊 文化遺産』, 島根縣並河萬里寫眞財團, 2000年
　　10月.

宇野茂樹,『佛敎東漸の旅』, 思文閣出版, 1999.

Annika BackeDahmen & 2 authors, *GREEK VASES GODS, HEROES, AND MORTALS*,
　　Staatliche Museen zu Berlin, 2010.

Edith Hamilton, *Mythology*, Back Bay Books, 2013.

Joseph Campbell, *the Masks of God:Oriental Mythology*, Penguin Books, 1991.

Sofia Souli, *GREEK MYTHOLOGY*, MICHAEL TOUBIS PUBLICATIONS S. A, 1995.

역사 · 문화사

나가사와 가즈도시,『돈황의 역사와 문화』, 민병훈 옮김, 사계절, 2010.

_____ ,『동서문화의 교류』, 민병훈 옮김, 민족문화사, 1993.

_____ ,『실크로드의 역사와 문화』, 이재성 옮김, 민족사, 1990.

르네 그루쎄,『유라시아 유목제국사』, 김호동·유원수·정재훈 옮김, 사계절, 1998.

로버트 램,『서양문화의 역사』 I·II, 이희재 옮김, 사군자, 2000.

사와다 이사오,『흉노』, 김숙경 옮김, 아이필드, 2007.

정수일,『고대문명교류사』, 사계절, 2001.

J. M. ロバーツ 著,『世界の歷史』, 月森左知 譯, 創元社, 2003.

NHK,『文明の道 1: アレクサンドロスの時代』, 日本放送出版協會, 2003.

NHK,『文明の道 2: ヘレニズムと佛敎』, 日本放送出版協會, 2003.

NHK,『文明の道 3: 海と陸のシルクロ-ド』, 日本放送出版協會, 2003.

NHK,『新シルクロ-ド』全5卷, 日本放送出版協會, 2005.

NHK 取材班 監修,『新シルクロ-ドの旅 1: 樓欄.トルワァンと河西回廊』, 講談社, 2005.

NHK 取材班 監修,『新シルクロ-ドの旅 2: 燉煌.ホ-タン.クチャ.イ-ニン』, 講談社,

2005.

加勝九祚, 『アイハヌム』, 東海大學出版會, 2010.

森安孝夫, 『シルクロード唐帝國』, 講談社, 2007.

林 梅村, 『シルクロードと中國古代文明』, 川上 陽介·申英蘭 譯, 日本放送出版協會, 2005.

陳舜臣, 『西域余聞』, たちばな出版, 2004.

ピエ-ル.ブリアン 著, 『ペルシア帝國』, 小川英雄 譯, 創元社, 2000.

千代延惠正 監修, 『季刊 文化遺産』, 「古代イラン世界」, 島根縣並河萬里寫眞財團, 1999
    OCTOBER.

千代延惠正 監修, 『季刊 文化遺産』, 「古代イラン世界2」, 島根縣並河萬里寫眞財團, 2002
    APRIL.

林俊雄 監修, 『季刊 文化遺産』, 「騎馬遊牧民の黄金文化」, 島根縣並河萬里寫眞財團, 2001
    OCTOBER.

小谷仲男, 『大月氏』, 東方書店, 1999.

加勝九祚/Sh.Pidaev 編.著, 『ウズベキスタン考古學新發見』, 東方出版, 2002.

吳建撮影作品集, 『丝路胜迹』, 新疆人民出版社, 1998.

祁小山, 王博 編著, 『丝绸之路·新疆古代文化』, 新疆人民出版社, 2008.

新疆维吾尔自治区人民政府新闻办公室 编, 『丝绸之路上外国探险家的足迹』, 五洲传播出版
    社, 2005.

王素, 『燉煌吐鲁番文献』, 文物出版社, 2002.

Christina Vlassopoulou, *Acropolis and Museum*, Association of Friends of the
    Acropolis, 2009.

CHRISTOPHER I. BECKWITH, *EMPIRES OF THE SILK ROAD*, Princeton University
    Press, 2011.

David Stuttard, *Parthenon*, The British Museum, 2013.

Dora Konsola, *DELPHI THE ARCHAEOLOGICAL SITE AND THE MUSEUM*, I.
    Dekopoulos.

PHILIP MATYSZAK, *ANCIENT ATHENS*, Thames & Hudson Ltd, 2008.

Philip & 5 authors, *WORLD CIVILIZATIONS* 1 , W. W. Norton & Company, Inc, 1997.

Xinru Liu, *The Silk Road in World History*, Oxford University Press, 2010.

철학

· 들뢰즈&가타리 저서

Gilles Deleuze and Felix Guattari, *Mille plateaux*, Paris: Editions de Minuit, 1980; 『천개의 고원』, 김재인 옮김, 새물결, 2001.

_____ , *What Is Philosophy?*, trans. Hugh Tomlinson and Graham Burchell, Columbia University Press, 1994.

Gilles Deleuze, *Différence et répétition*, Paris: Universitaires de France, 2011; 『차이와 반복』, 김상환 옮김, 민음사, 2004.

_____ , *Negotiations*, trans. Martin Joughin, New York: Columbia University Press, 1990.

_____ , *SPINOZA: Practical Philosophy*, trans. Robert Hurley, San Francisco: City Lights Books, 1988.

_____ , *Bergsonism*, trans. Hugh Tomlinson and Barbara Habberiam, New York: ZONE BOOKS, 1991.

_____ , *Nietzsche & Philosophy*, trans. Hugh Tomlinson and Barbara Habberiam, New York: Columbia University Press, 1983.

질 들뢰즈, 『의미의 논리』, 이정우 옮김, 한길사, 1999.

_____ , 『들뢰즈가 만든 철학사』, 박정태 엮고 옮김, 이학사, 2007.

_____ , 『주름, 라이프니츠와 바로크』, 이찬웅 옮김, 문학과지성사, 2008.

고사카 슈헤이, 『철학사 여행 1·2』, 방준필 옮김, 간디서원, 2004.

고이즈미 요시유키, 『들뢰즈의 생명철학』, 이정우 옮김, 동녘, 2003.

군지 페기오-유키오, 『생명이론: 들뢰즈와 생명과학』, 박철은 옮김, 그린비, 2013.

김진성, 『베르그송 연구』, 문학과지성사, 1999.

로널드 보그, 『들뢰즈와 가타리』, 이정우 옮김, 중원문화, 2012.

마이클 하트, 『들뢰즈 사상의 진화』, 김상운·양창렬 옮김, 갈무리, 2004.

박홍규, 『희랍철학논고』, 민음사, 2007.

소운서원 엮음, 『들뢰즈 사상의 분화』, 그린비, 2007.

소피아 로시기, 『인식론의 역사』, 이재룡 옮김, 가톨릭대학교출판부, 2005.

스털링 P. 램프레히트, 『서양 철학사』, 김태길·윤명로·최명관 옮김, 을유문화사, 2000.

아리스토텔레스, 『영혼에 관하여』, 유원기 옮김, 궁리, 2012.

앙리 베르그손, 『의식에 직접 주어진 것들에 관한 시론』, 최화 옮김, 아카넷, 2001.

에가와 다카오, 『존재와 차이: 들뢰즈의 선험적 경험론』, 이규원 옮김, 그린비, 2019.

우노 구니이치, 『들뢰즈, 유동의 철학』, 이정우·김동선 옮김, 그린비, 2008.

이정우, 『사건의 철학』, 그린비, 2011.

_____, 『세계철학사』 1, 도서출판길, 2011.

_____, 『신족과 거인족의 투쟁』, 그린비, 2022.

_____, 『천하나의 고원』, 돌베개, 2008.

이정우 엮음, 『문명이 낳은 철학 철학이 바꾼 역사』, 도서출판길, 2015.

이진경, 『노마디즘』 1·2, 휴머니스트, 2002.

제롬 로장발롱, 『들뢰즈와 가타리의 무한 속도』, 성기현 옮김, 열린책들, 2012.

제임스 윌리엄스, 『들뢰즈의 차이와 반복: 해설과 비판』, 신지영 옮김, 라움, 2010.

J. 헤센 지음, 『인식론』, 이강조 옮김, 서광사, 1994.

키스 안셀피어슨, 『싹트는 생명』, 이정우 옮김, 산해, 2005.

키스 W. 포크너, 『들뢰즈와 시간의 세 가지 종합』, 한정헌 옮김, 그린비, 2008.

클레어 콜브룩, 『들뢰즈 이해하기』, 한정헌 옮김, 그린비, 2007.

토마스 아퀴나스, 『신학대전』 8~10권, 정의채 옮김, 바오로딸, 2003.

한정헌 외 엮음, 『사유의 새로운 이념들』, 그린비, 2022.

황수영, 『근현대 프랑스철학: 데까르뜨에서 베르그손까지』, 철학과현실사, 2005.

Aristotle, *De Anima(On the Soul)*, trans. Hugh Lawson Tancred, London: Penguin Books, 1986.

Donal O'shea, *The Poincare Conjecture*, New York: Walker & Company, 2007.

D. J. Allan, *The Philosophy of Aristotle*, London: Oxford University Press, 1952.

Leonardo Moldinow, *Euclid's Window*, New York: Simon & Schuster, Inc., 2002.

Loke Jone, *An Essay concerning Human Understanding*, New york: Oxford University Press, 1975.

Manuel Delanda, *Intensive Science and Virtual Philosophy*, New York: Continuum, 2005.

Stephen W. Hawking, *A Brief History of Time,* New York: Marca Regestrada. Bentam Books, 1996.

W. D. Ross, *Aristotle*, with an introduction by John L. Ackrill, New York: Routledge, 1995.

Hume David, *A Treatise of Human Nature*, London: Oxford University Press, 1980.

예술

강우방, 「西域의 彫塑美術」, 『중앙아시아 研究』, 第6號, 2001.

_____ , 『원융과 조화』, 열화당, 1990.

_____ , 『한국불교조각의 흐름』, 대원사, 1999.

강희정, 「中國 觀音菩薩像 연구-南北朝時代에서唐까지」, 『중앙아시아 研究』, 第9號, 2004.

곰브리치, 『서양미술사』, 백승길·이종숭 옮김, 예경, 2003.

구노 미키, 『중국의 불교미술』, 최성은 옮김, 시공사, 2001.

국립중앙박물관 편저, 『서역미술』, 국립중앙박물관, 2003.

국립현대미술관전시도록, 『集安 고구려 고분벽화』, 조선일보사출판국, 1993.

권영필, 『렌투스 양식의 미술』(전 2권), 사계절, 2002.

_____ , 『실크로드 미술』, 열화당, 1997.

_____ , 「韓國의 中央아시아 考古學·美術史 研究 그 出發에서 現在까지」, 『중앙아시아 研究』, 第6號, 2001.

_____ , 「河西回廊에서 燉煌으로 현지조사(1999년)에 의한 유적·유물 연구」, 『중앙아시아 研究』, 第6號, 2001.

_____ , 「헬레니즘 조형의 慶州傳播—헤라클레스 熱風과 四天王像」, 『중앙아시아 研究』, 第7號, 2002.

권현주, 「쿠차(龜玆)지역의 불교복식 연구」, 『중앙아시아 研究』, 第8號, 2003.

김정희, 『신장상』, 대원사, 1996.

디트리히 제켈, 『불교미술』, 이주형 옮김, 예경, 2002.

마츠바라 사브로 편, 『동양미술사』, 김원동·한정희 외 옮김, 예경, 1998.

문명대, 『한국불교미술사』, 한·언, 2002.

_____ , 『한국불교미술의 형식』, 한·언, 2009.

민희식·박교순, 『불교의 고향 간다라』, 가이아, 1999.

박도화, 『보살상』, 대원사, 1996.

박성혜, 「燉煌莫高窟 佛教壁畫에 나타난 唐代 繪畫의 影響 —西安地區 唐墓壁畫를 中心으로—」, 『중앙아시아 研究』, 第7號, 2002.

벤자민 로울랜드, 『인도미술사』, 이주형 옮김, 예경, 1999.

승재희, 「투르판 아스타나·카라호자 고분 출토 <伏羲女媧圖> 도상연구:日月像을 중심으로」, 『중앙아시아 研究』, 第8號, 2003.

예술의전당 미술관 전시도록, 『간다라 미술』, 예술의전당, 1999.

오춘자, 「近東地域의 복식研究」, 『중앙아시아 研究』, 第1號, 1996.

이주형, 『간다라 미술』, 사계절, 2003.

_____ , 「스와트 佛教美術의 몇 가지 特色」, 『중앙아시아 研究』, 第1號, 1996.

_____ , 「인도·중앙아시아의 原形堂과 석굴암」, 『중앙아시아 研究』, 第11號, 2006.

임영애, 「간다라의 金剛力士」, 『중앙아시아 研究』, 第9號, 2004.

_____ , 『서역불교조각사』, 일지사, 1996.

쟈잉이, 「新疆石窟和寺院遺址研究50年의 回顧與思考」, 『중앙아시아 研究』, 第6號, 2001.

정예경, 『중국 불교 조각사 연구』, 혜안, 1998.

존 보드먼, 『그리스 미술』, 원형준 옮김, 시공사, 1996.

주경미, 「중앙아시아의 佛舍利莊嚴」, 『중앙아시아 研究』, 第7號, 2002.

타가와 준조, 『돈황석굴』, 박도화 옮김, 개마고원, 1999.

하인리히 침머, 『인도의 신화와 예술』, 이숙종 옮김, 대원사, 1995.

홍윤식, 『불화』, 대원사, 1996.

KBS사업부, 『集安 고구려 고분벽화』, 한국방송공사, 1994.

田辺勝美, 『毘沙門天像の誕生』, 吉川弘文館, 1996.

前田耕作, 『東洋美術史』, 美術出版社, 2000.

阮荣春 主编, 『丝绸之路与石窟艺术』全3卷, 辽宁美术出版社, 2004.

宮治昭, 『佛像學入門』, 春秋社, 2004.

荒川正晴, 「近年の日本におけるトゥルファン研究 漢語文獻お中心にして」, 『중앙아시
    아 研究』, 第6號, 2001.

安田治樹, 『ブッダ』, 河出書房新社, 1996.

王伯敏 主编, 『中國艺术通史』(第二卷, 第三卷), 山东教育出版社, 1987.

吳建撮影作品集, 『艺术的敦煌』, 上海古籍出版社, 2000.

張學荣 主编, 『燉煌西天佛洞石窟』, 甘肃人民美術出版社, 1998.

韩小忙 外, 『西夏美术史』, 文物出版社, 2001.

賀世哲, 『燉煌图像研究』, 甘肃教育出版社, 2008.

深井普司·田辺勝美, 『ペルシア美術史』, 吉川弘文館, 1983.

Aristídis Michalópoulos, *The Museum of Athens*, Aristídis Michalópoulos and
    Erevnites Editions, 2001.

Christina Vlassopoulou, *Acropolis and Museum*, Association of Friends of the
    Acropolis, 2009.

David G. Wilkins Iain Zaczek, *The Collins Big Book of Art*, Collins Design, 2007.

John Boardman, *THE HISTORY OF GREEK VASES*, Thames & Hudson Ltd, 2007.

Liaquat Ali Khan Niazi, *LAHORE MUSEUM*, SangeMeel Publications, 2004.

Mortimer Wheeler, *ROMAN ART & ARCHITECTURE*, Thames & Hudson Ltd, 2005.

Pergamon Museum, Berlin 66 Masterpieces, Pergamon Museum Berlin, 2010.

Prestel Museum Guides, *Sculpture Collection in the Museum*, Prestel Verlag, 2008.

Prestel Museum Guides, *The Museum of Byzantine Art in the Bode Museum*, Prestel

Verlag, 2008.

Roderick Whitfield, Susan Whitfield, Neville Agnew, *CAVE TEMPLES OF Mogao*, Getty Museum, 2000.

The Sculptural Heritage of Tibet, Ashmolean Museum, Oxford, 1999.

Honolulu Academy of Arts Selected Works, Honolulu Academy, 1990.